导 图

古蜀国	大致从商代到战国后期，位于四川盆地西部。不同时期有宝墩、三星堆等代表性文化。	夜郎古国	大致起于战国，前后约 300 年。地域主要在今贵州西部。
古中山国	始建于周景王初年，最初称作鲜虞。到了中山文公时，改称"中山"。	孤竹国	始于商朝初期，约公元前 1600 年至公元前 660 年，存在 940 多年。
渤海国	存在于公元 698 年至公元 926 年。有"靺鞨国""渤海靺鞨""高丽国"等别称。享有"海东盛国"的美誉。	大夏国	此为"赫连夏"，史称"胡夏"，五代十六国时期最后出现的一个政权。
楼兰古国	约公元前 176 年至公元 630 年古丝绸之路上的一个小国，位于罗布泊西部，处于西域的枢纽。	月氏国	公元前 3 世纪至公元 1 世纪。早期以游牧为生，经常与匈奴发生冲突。
大理国	约公元 937 年至公元 1253 年。最终被蒙古所灭。	于阗国	公元前 232 年至公元 1006 年，古代西域佛教王国，地处塔里木盆地南沿。
闽越国	闽越王城始建于公元前 202 年，位于今福建一带。	鲜卑国	继匈奴之后在蒙古高原崛起的古代游牧民族，兴起于大兴安岭。
大宛国	在匈奴西南，汉朝的正西面，由汉代张骞发现。	南诏国	公元 738 年至公元 902 年，崛起于云南一带。
匈奴国	曾经的草原霸主，先祖是夏后氏的后代，名叫淳维。	柔然国	鲜卑族的一支，四世纪至六世纪在蒙古高原上过着游牧生活。
龟兹国	公元前 272 年至 14 世纪，是古代西域绿洲国家。	高昌国	五世纪中叶至七世纪中叶，位于今新疆吐鲁番市。公元 640 年，高昌国为唐所灭。
西夏	公元 1038 年至公元 1227 年，在中国西北部建立的政权。	突厥汗国	突厥的祖先为古匈奴北部族，东西突厥前后共立国 168 年。
尼雅古国	位于丝绸之路的咽喉要地，是史籍中记载的西域 36 国之一的精绝国。	契丹	公元 907 年至公元 1125 年，由契丹族建立的朝代，共传九帝，享国 218 年。
良渚古国	公元前 9984 年至公元前 4664 年，历时 5320 年，定都于今浙江杭州良渚古城。	郯国	春秋时期一个小国，位于秦楚之间，最终被楚国吞并。
		乌孙国	西汉时由游牧民族乌孙在西域建立，夹在大汉与匈奴两霸之间。

一读就入迷的

神秘古国

钮勤章 著

成都时代出版社
CHENGDU TIMES PRESS

图书在版编目（CIP）数据

　　一读就入迷的神秘古国 / 钮勤章著 . -- 成都：成
都时代出版社，2022. 10
　　ISBN 978-7-5464-3113-0

　　Ⅰ . ①一… Ⅱ . ①钮… Ⅲ . ①古国—世界—通俗读物
Ⅳ . ① K109

　　中国版本图书馆 CIP 数据核字（2022）第 143646 号

一读就入迷的神秘古国
YIDU JIU RUMI DE SHENMI GUGUO

钮勤章　著

出 品 人	达　海	
责任编辑	李　林	
责任校对	樊思岐	
装帧设计	柳育婷	
责任印制	车　夫	
出版发行	成都时代出版社	
电　　话	（028）86742352（编辑部）	
	（028）86763285（市场营销部）	
印　　刷	天宇万达印刷有限公司	
规　　格	710mm×1000mm　1 / 16	
印　　张	18	
字　　数	248 千字	
版　　次	2022 年 10 月第 1 版	
印　　次	2022 年 10 月第 1 次印刷	
印　　数	1-20000	
书　　号	ISBN 978-7-5464-3113-0	
定　　价	68.00 元	

神秘文化，是神秘的国度创造的。

这本书，领着你穿越数千年，走进神秘国度，感受神秘文化的余温。

神秘文化具有无穷的引力，吸引一代代人去探索。他们走进神秘国度，通过一件件出土的文物想象神秘国度的生活场景，从蛛丝马迹中推演神秘现象的内在逻辑。

然而，即便动用最先进的设备，查阅最完备的资料，很多古国依然神秘。

无数的神秘古国，不是凭空消失，就是离奇更迭。

不过，每一个神秘古国都有一段鲜为人知的历史，历史的洪流浩浩荡荡，滚滚向前，总会留下只言片语。

无论是"夜郎自大"的历史笑话，还是"朝秦暮楚"的现实无奈；

有"不破楼兰终不还"的边塞雄风，也有"望帝春心托杜鹃"的愁肠百结……

良渚文化开五千年文明之先，古蜀文明启青铜时代大幕……

器物上的饕餮纹，记录了神灵信仰和王权威严；三星堆的人面纹青铜器吸引着大众去赏鉴与探索。

匈奴的奔马，大汉的猎猎战旗；蒙古的所向披靡的铁骑，大理的苍山洱海的风光……

现实不再，风光依存，活在文字的世界里。

古与今，在梦里穿越，品味时空异域的芬芳；景与神，在心中流转，升腾文化神秘的记忆。

兽面纹、人面纹……远古时代的图腾，数千年来一直注视着我们；蚕丛纵目、狼育突厥……神秘的传说成了永久的记忆！

历史洪流滚滚向前，行走在两岸的我们，怎么会停下探索的步伐？

因为这本书，相遇了无数个时代，以及无数个时代里的二十五个古国的神秘。

这神秘的相遇，让我满怀期待。

也许，相遇本身就是一场神秘的约定。你来了吗？

一读就入迷的神秘古国

目录

第一章　古蜀国——神话国度里的现实传奇

古蜀国的前世今生 / 2

蚕丛纵目是神还是人 / 5

杜宇化鹃缘何悲 / 7

五丁开山开出了啥 / 10

神秘的三星堆与谜一样消失的古蜀国 / 12

小档案：古蜀国 / 16

第二章　古中山国——国中之国的波澜起伏与神奇演绎

消失的古中山国是怎么找到的 / 18

神秘的战国第八雄 / 20

群雄环伺下中山古国消失之谜 / 22

夹缝中生存的秘密 / 24

《史记》缘何漏掉了古中山国 / 26

小档案：古中山国 / 28

第三章　渤海国——被历史文献打捞起来的"海东盛国"

"谜中王朝"的诞生 / 30

大败李楷固 / 32

王朝的盛歌 / 34

渤海国对外交流与合作 / 37

渤海国消失之谜 / 40

小档案：渤海国 / 42

第四章　楼兰古国——一块紧张的世界史的纪念碑

楼兰从哪儿来 / 44

揭开楼兰古国的神秘面纱 / 46

古典诗词里的楼兰 / 49

楼兰公主今何在 / 52

楼兰古城消失之谜 / 56

小档案：楼兰古国 / 60

第五章　大理国——飘扬着儒雅的佛号

赵匡胤的一句话成就了大理国 / 62

开国皇帝段思平的传说 / 64

大理国的皇帝为何爱出家 / 67

风流皇帝段正淳并不风流 / 69

忽必烈为何要千里奔袭大理国 / 71

小档案：大理国 / 74

第六章　闽越国——打出来的"南南合作"

一场战争创造出一个民族 / 76

勾践的后人在闽越之地做了什么 / 78

闽越族为何弃秦助汉 / 80

闽越王城缘何成为福建的一张文化名片 / 82

汉武大帝为何要剪灭闽越族 / 85

小档案：闽越国 / 88

第七章　大宛国——一匹神奇马的铁血悲歌

一个国家一匹马的传说 / 90

一匹马缘何迷倒了大汉天子 / 93

大宛国凭什么叫板大汉朝 / 96

冲冠一怒为汗血宝马 / 98

汗血宝马今何在 / 101

小档案：大宛国 / 104

第八章　匈奴国——马背上的铁血风云

冒顿是从哪里冒出来的 / 106

白登山之围围住了什么 / 109

和亲：民族的大义，美丽的哀伤 / 112

汉武帝执政是匈奴噩梦的开始 / 116

匈奴不灭，何以家为 / 119

燕然未勒归无计 / 122

小档案：匈奴国 / 126

第九章　龟兹国——四大文明唯一的交汇之处

女儿国的由来 / 128

佛国的绚丽与远播 / 131

四大文明缘何钟情这里 / 134

神秘的克孜尔尕哈烽燧 / 137

渐行渐远的文化古国 / 139

小档案：龟兹国 / 142

第十章　西夏——西北最神秘的古国

神秘西夏从哪儿来 / 144

西夏汉化的秘密 / 147

黑水城传说 / 150

神奇的铁鹞子 / 153

神秘的西夏去哪儿了 / 156

西夏王陵的未解之谜 / 159

小档案：西夏 / 162

第十一章

尼雅古国——沙漠中的精绝往事

神秘的尼雅在哪儿 / 164

精绝国有哪些精绝往事 / 167

小档案：尼雅古国 / 170

第十二章

良渚古国——神秘的中华第一古国

良渚古国是如何发现的 / 172

中华五千年文明的实证圣地 / 175

良渚的玉器有多精美 / 177

良渚文明的去向和踪迹 / 179

小档案：良渚古国 / 182

第十三章

夜郎古国——汉孰与我大

夜郎古国前世今生 / 184

夜郎自大的是与非 / 186

夜郎古国神秘在哪儿 / 188

小档案：夜郎古国 / 190

第十四章

孤竹国——外侮需人御，将军赋采薇

孤竹国从哪里来 / 192

孤竹二君缘何称圣 / 193

小档案：孤竹国 / 196

第十五章 大夏国——匈奴族最后的草原狂想曲

铁血大夏国的源流 / 198

赫连勃勃的残与暴 / 201

小档案：大夏国 / 204

第十六章 月氏国——个域外的逍遥古国

神秘的月氏国从哪里来 / 206

月氏国、匈奴、大汉的爱恨情仇 / 208

小档案：月氏国 / 210

第十七章 于阗国——消散在时光里的美玉

一个边陲小国，缘何存续千年 / 212

于阗有哪些惊艳的存在 / 215

小档案：于阗国 / 218

第十八章 鲜卑国——建立国家最多的北方民族

鲜卑为何是建立国家最多的北方民族 / 220

现在五十六个民族中缘何没有鲜卑族 / 222

五胡乱华，缘何鲜卑笑到最后 / 224

小档案：鲜卑国 / 226

第十九章 南诏国——诸诏之南的蒙舍诏

一段姻缘成就了南诏王 / 228

火烧松明楼的是与非 / 231

小档案：南诏国 / 234

第二十章 柔然国——强绝一时的草原霸主

柔然的来路与去路 / 236

目录

被贬称的民族有多能打 / 238

小档案：柔然国 / 240

第二十一章

高昌国——多情而善变的西域佛国

高昌王与唐僧的手足之情 / 242

高昌国因为什么而灭亡 / 244

小档案：高昌国 / 246

第二十二章

突厥汗国——与狼共舞的草原霸主

神奇的传说告诉你突厥民族的性格 / 248

突厥与大唐的生死情缘 / 249

小档案：突厥汗国 / 252

第二十三章

契丹——丢失草原梦想的骁勇英雄

大辽两个女人的意乱情迷 / 254

大宋皇帝缘何怕契丹 / 257

小档案：契丹 / 260

第二十四章

郜国——朝秦暮楚的悲歌

一条河住着一个国 / 262

心惊胆战的朝秦暮楚生活 / 264

小档案：郜国 / 266

第二十五章

乌孙国——西域乱世中的常青树

"乌孙"的身份认同 / 268

解忧公主是怎么给乌孙解忧的 / 270

小档案：乌孙国 / 273

一读就入迷的神秘古国

古蜀国——神话国度里的现实传奇

第一章

　　三星堆所在的三个土堆呈直线排列，像一条线上的三颗金星，闪烁在北纬30°。神秘的古蜀王国，其中到底有多少美丽动人、浪漫传奇的故事发生在三星堆呢？

古蜀国的前世今生

古蜀国历史悠久，也是颇具神秘色彩的古国之一！在这个古老的国度里，曾历经过多个朝代，于不同的时期衍生出宝墩文化、三星堆文化、金沙文化、十二桥文化等。公元前 2500 年至公元前 1700 年的宝墩文化是成都平原最早的考古学文化遗存，也被认为是古蜀文明的起源时期。

公元前 1700 年至公元前 1200 年成都平原进入三星堆文化时期。约相当于华夏族记载中的鱼凫王朝时期。以三星堆为中心的古蜀国作为长江上游政治、经济、宗教和文化的中心，是古蜀文明形成阶段的强盛时期，已形成了具有自身鲜明特色的发达的青铜文化。

十二桥文化在公元前 1200 年至公元前 600 年，它承袭了大量的三星堆文化因素，又包含许多新的文化因素，它是古蜀文明发展阶段的又一个辉煌时期，约相当于华夏族记载中的杜宇时期。蜀文化晚期，为公元前 600 年至公元前 316 年，大致相当于中原春秋时期至秦国占领巴蜀前，是古蜀文明发展的最后一个高峰。

这里的原始信仰纷繁且别具一格，有独立的鬼神体系。古蜀国人认为万物皆有灵，因此有了祖先崇拜、自然崇拜、动植物崇拜、图腾崇拜、灵物崇拜……

目前有文献记载的古蜀国早期的王是蚕丛、柏灌、鱼凫，三代而下是望帝杜宇、鳖灵，鳖灵为王后建立了开明王朝，直至公元前 316 年为秦国所灭。

据说，黄帝和嫘祖的次子叫昌意。黄帝令昌意降居于若水。若水即雅砻江，发源于青海南部，流经川西的阿坝、甘孜等地。男婴长大后是"纵目"，奇人必有异象，从三星堆出土的纵目人像看，他的眼睛向前突起，头发在脑后梳成"椎髻"，衣服样式向左交叉。

这个男孩就居住在岷山下的石穴里，也修炼出独特的本领——善于养蚕。因"教民蚕桑"有功，他被部族里的人称作"蚕丛"。那个时代的部落首领由族人推选产生，谁有本领，能带领族人过上安稳的日子，谁就可以为王，"蚕丛"理所当然地成为蜀地部族的首领。

其实，你仔细琢磨"蜀"字，在甲骨文中像大眼睛的虫子，其字形来源于野蚕，而四川之所以被称为蜀，就与第一代蜀王蚕丛有关。

传说昌意娶蜀山氏女昌仆为妻，生有一子名叫颛顼。蜀山氏，指居住于蜀山的氏、冉、駹、羌等土著民族。昌意后来带领全家北迁到中原，颛顼成为部落首领，一代代传承，蚕丛氏就是颛顼的族裔。

中原改朝换代，强大的商朝建立，蚕丛氏不服而抗争！后来被商朝大军围剿，遭受重大损失，蜀王蚕丛氏中箭身亡，蚕丛一族也随之消亡。

然而，另一支氐羌人在一位头领的带领下，历经重重险阻回到蜀地，找到了一处有河流流经的柏树林落脚。

这位头领本来就厌恶战争，一次偶然的机会，他发现柏树林间有白鹤栖息，顿发联想：自己的部族要是能像白鹤那样飞离战争该多好啊！带着这样的心愿，他召开了部落会议，倡议把部族改名为"柏灌氏"。

奇怪得很，自从部族改名后，本族再也没有受到外族的袭扰，族人觉得他有异能，一致推举他为新的部落首领，成为蜀王柏灌氏。倘若我们仔细观察三星堆文物，就会发现一些青铜器、玉石器上有鹤的模样。

川西平原的温江有条马坝河，恢宏广阔，深不见底。生活在两岸的百姓都靠打鱼为生。其中有个年轻人，既聪明又勇敢，打鱼的技术一流，不仅仅教会了百姓打鱼，还热心地帮助有困难的人。渔民们都很佩服他，就拥戴他当了打鱼头领。

他们本来是安居乐业的，可是新的统治者要收很多苛捐杂税，不让渔民们安生，老百姓的日子越来越煎熬。一天早晨，头领召集渔民，控诉了统治者的种种不是，说要带领大家建立新的王国。因为古时候打鱼主要靠鸬鹚，古时候叫鱼凫，所以这个王国就取名叫鱼凫国，那个打鱼头领当了国王就被称为鱼凫王。

这个传说在考古中得到证实，在三星堆一号祭祀坑中出土的金杖应该是君王的权杖，杖上雕刻的鱼、鸟的图案，证明了金杖主人的身份，正是第三代古蜀王——鱼凫。

后来的鱼凫王杜宇还参加了武王伐纣的战争，号称蜀。古蜀军队是伐纣联军中最具战斗力的队伍之一，是推翻暴君殷纣王的重要力量。这个文明形态不同于西南的华夏族，被后人称为蜀族。

蜀人的祖先，从"教民养蚕"的蚕丛到"教民捕鱼"的鱼凫，到"教民务农"的杜宇，以及治水的开明，都和农业生产有关。

后来的鳖灵，凭借异能，能在水里漂流，后来见到蜀王杜宇，杜宇用其能来治水，非常成功，百姓免除水患，安居乐业，杜宇后来禅让了王位，鳖灵建立了开明王朝。

开明王朝有个封国叫苴国，按道理说应该听从蜀国的命令。可是后来随着蜀国的内部矛盾丛生，国力渐弱，苴国与巴国友好，甚至时常与巴国联合抗蜀。这些做法当然引起蜀王不满，举兵讨伐。

苴侯一时没了主张，只好派特使火速前往秦国，向秦惠王求救。没有想到，蜀王杜芦也派使者与秦结盟，目的是希望秦王不干涉苴国的政事。但秦惠王嬴驷是什么人啊，是在权力斗争中成长起来的。他生性狡诈而多变，同时收了两国的礼物后，立刻派张仪、张若、司马错率队经石牛道入蜀，先以正义之师灭掉蜀国，接着又借势吞掉了苴国，真可谓一箭双雕啊！秦惠王任命蜀太子为蜀侯，张若为蜀相，设置蜀郡。因为蜀地物产丰饶，有天府之国的美誉，所以得到蜀地，也为秦国后来得天下奠定了坚实的基础。

这段历史《华阳国志·蜀志》是有记载的："昔蜀王封其弟于汉中，号曰苴侯，因命之邑曰葭萌。苴侯与巴王为好，巴与蜀为仇，故蜀王怒，伐苴。苴奔巴，求救于秦。秦遣张仪从子午道伐蜀……"

古蜀国灭亡后，在蜀地陆陆续续建立了不少政权。为了区分后世以蜀为国号的政权，一般称先秦时期的蜀国为古蜀国。

这段神奇的历史，被浪漫主义大诗人李白化为诗歌《蜀道难》："噫吁嚱，危乎高哉！蜀道之难，难于上青天！蚕丛及鱼凫，开国何茫然。尔来四万八千岁，不与秦塞通人烟。西当太白有鸟道，可以横绝峨眉巅，地崩山摧壮士死，然后天梯石栈相钩连……"

蚕丛纵目是神还是人

《华阳国志·蜀志》中有着这样的记载：有蜀侯蚕丛，其目纵。蚕丛，即蚕丛氏，是蜀人的先王。多少年来一直被神化，他到底是神还是人呢？

蚕丛，作为目前有文献记载的古蜀国第一位首领，如同蜀地高山密林雾气环绕的环境一样，充满了神秘色彩。

据当今考古学界推断，蚕丛生活的年代在公元前 6000 年至公元前 5500 年。据说，蚕丛是古氐羌系人的首领，带领族人从岷山深处来到巴蜀平原边缘，并定居繁衍。

从三星堆出土的文物纵目面具的原型，据推测就是蚕丛。青铜纵目面具，宽 1.38 米，高 0.645 米，眼球呈柱状向外纵凸达 16 厘米，双耳甚大，向两侧充分伸展并向上耸起，有飞扬之势，游客们称之为"千里眼""顺风耳"。

这个面具文物是蚕丛纵目的艺术化的表达，想象丰富，造型雄奇，威严四仪，眼睛呈柱状向外凸，一双雕有纹饰的耳朵向两侧充分展开，口阔而深，口缝深长上扬，舌尖微露，就像是在微笑。面具的额部正中有一个方孔，可能原本铸有精美的额饰，整体形象精绝雄奇。

圣人异象，双目突出，目光如炬，眼睛不仅仅大而且长长地突出。这种夸张式表达并非没有道理，当然，神化与膜拜的需要也是原因之一。

实际上，艺术源于生活，远古时代的蜀地，群山环绕，林木众多，云雾缭绕，猛兽飞禽……在蚕丛生存的时代，想要安全地在深山出没，探索新世界，难如登天。

但是，作为头领的蚕丛，必须要有异能，才能引领他的族人在这样恶劣的环境中生存下去！所以，当这些异能被神圣化后，就以纵目之外形，来比拟头领目光长远，耳听八方……也只有能够看得更远，听得更细致，才能生存得更安全更长久。

此外，作为头领的蚕丛，没有一项拿得出手的本领怎么行呢？蚕丛之前的古蜀人以牧业为主要生活来源，兼营狩猎和养殖。蚕丛见岷江中游和若水流域江边的坝子很适宜桑叶生长，于是到处劝农种桑养蚕。

蚕丛是不是第一个掌握养蚕技术的人，难以考证；但是，他一定是把这项技术掌握得最熟练的，一定是当时当地养蚕水平最高的人。

在日复一日的劳作中，蚕丛把他的养蚕智慧与经验毫无保留地传授给他的族人，族人们也自然推举他为王，奉蚕丛为"先蚕"，称之为"青衣神"。"蚕丛"之名，因此而得。

也正是养蚕的这一技艺，不仅仅养活了族人，还带来了地区的繁荣。

他带领族人继续向东南方向迁徙，他们经过今茂县与汶川之间的茂汶盆地后，逐渐发展农耕。

后来，蚕丛氏中的一位首领巡游到岷江中游青神一带时，见到这里山清水秀，气候温和，土地肥沃，便迁移一部蚕丛氏子民在此定居。他们运用嫘祖传授给蚕丛氏的一整套技术，在此栽桑、养蚕、缫丝、织锦，逐步形成了一条产业链。一个地区有了一个支柱产业，这个地区怎么会不发展呢？

经济生活的变化与繁荣，带来了政治的发展。蚕丛逐渐建立了自己的统治方式，建立了自己的统治权威，稳定了族人的社会关系。人们居住在一起，使用公有的工具，大家一起劳动，共同分配食物，没有贫富贵贱的差别。

据《华阳国志·蜀志》说："有蜀侯蚕丛，其目纵，始称王，死，作石棺石椁，国人从之。"

由此可以看出，蚕丛已经拥有超越部众和组织的权力，不但拥有对部众实施政治权力的力量，而且还拥有实施经济权力和宗教权力的力量，成为真正意义上的第一代蜀王。

杜宇化鹃缘何悲

传说在距今3000多年前，古蜀国有一位国王，威望高，能力强，率部落迁徙到成都平原，开创了一个疆域空前的蜀国。这位国王被人们称为望帝，本名叫作杜宇。

他是个爱民的好君王，带着蜀国人开荒种地，遍植五谷，把蜀国建设成美丽富饶的天府之国。可后来，他却变成了一只杜鹃鸟，这是为什么呢？

《蜀王本纪》说："后有一男子，名曰杜宇，从天堕，止朱提。有一女子，名利，从江源井中出，为杜宇妻。乃自立为蜀王，号曰望帝，治汶山下邑，曰郫化，民往往复出。"

朱提，就是云南昭通，而江源，即现在成都郊县崇州。也就是说，杜宇一族是来自西南夷的濮人，入蜀后与江源的蜀人联姻，占据了鱼凫王的疆土。

杜宇是个聪慧的君主，为笼络梁人，娶梁国女子利为妃；从此，梁族人不但不会再与他为敌，还会帮助杜宇实现自己的政治抱负。古时不同部落间的婚姻，大抵还代表着部落的联盟。这一政治结盟，也是杜宇得以进入成都平原复建蜀国的关键。

于是，杜宇便抓住时机，从崇州进入成都平原腹地，其他土著部落看到梁人臣服，也放弃抵抗；有些土著部落不死心，却抵挡不住杜宇的猛烈攻击。在自己族人和土著部落的拥戴下，杜宇复建蜀国，自封蜀王，"巴国称王，杜宇称帝"，是为望帝。

杜宇建立自己的政权之后，并没有不思进取，而是领导蜀国的人民向当时遍布成都平原的原始森林进军，杀死了许多毒蛇猛兽，填湖筑田，并在长期与自然斗争的实践中发明了春种秋收的耕作方法。

正是杜宇因为学会了农事，并以身作则，日出而作，日落而息！不仅把实践中悟到的经验教给自己的族人，还教巴族人务农，因此古时蜀人把杜宇视为农神，春耕要先祭杜宇。

蜀人学会了种植庄稼，生活安定下来，不用再过以前动荡的狩猎生活了。在杜宇的统领之下，蜀国被改造成沃野千里、物饶粮丰的国度。

可当时的蜀地水灾时有发生，望帝忧国忧民，一心要除水患，但一时也想不出有什么好的办法可以把水患根除。为了实现这样的梦想，望帝不惜重金求才觅贤，甚至布告天下，谁能治理好水患，就禅位给他。

杜宇王朝立国二三百年，从西周初年到春秋初期，显然其中不止一人为王。到杜宇王朝末年的某一天，忽然从江水里浮上来一具男尸。令大家惊奇的是，这具男尸竟然逆流朝上浮，而不是顺流往下漂，于是人们便把他打捞上来。更奇怪的是，刚刚打捞起来，尸首一碰到江岸的土地就复活了。

望帝听说江水送来一个怪人，也暗暗称奇，于是便命人把他带来相见。怪人自称鳖灵，两人交谈甚欢，望帝觉得鳖灵不但智慧聪明，并且水性很好，在这个水灾为患的地区，是用得着这个人才的，便任命他为蜀国的宰相。

鳖灵做宰相没有多久，一场洪水忽然暴发——巫山的峡谷过于狭窄，把长江的水流壅塞住了。

望帝就命令宰相鳖灵去治理洪水。鳖灵在治水这件事上，果然表现出非凡的才能。他带领人民凿开了巫山，使壅塞的水流通过巫峡，奔流到夔门以外的大江里，蜀地安全了，百姓欢呼雀跃，围着火堆日夜庆贺。

望帝因为鳖灵治水有功，为百姓解除了水患，便践行曾经的诺言，将王位禅让给他，鳖灵接受了王位，号称开明帝，又号丛帝。

后来，望帝到西山隐居。春天，蜀人思念望帝，便把子规鸟叫作杜鹃鸟，把山上春天开的第一种红花称为杜鹃花，说那是杜宇在催促人们春耕了。

蜀人还创造了一个神话故事，说是望帝死了以后，他的魂灵化作了一只鸟，就是杜鹃。整天一声声悲哀地啼叫：不如归去！不如归去！直到它的口里流出鲜血。

这份悲情影响了后世的文学创作，很多诗人借此浇愁，表达生活

的飘零与灵魂的孤寂！"其间旦暮闻何物？杜鹃啼血猿哀鸣。"（白居易《琵琶行》）

此时的白居易被贬江州，月夜送客，听到琵琶女被弃的故事，诗人伤感万分，再联想自己，谪居卧病浔阳城，苦竹绕宅，朝晚听到杜鹃啼血，悲伤无限。

李商隐《锦瑟》中有："庄生晓梦迷蝴蝶，望帝春心托杜鹃。"诗人巧妙地化用了上述典故，把自己的悲苦哀怨表达得淋漓尽致。

回望历史，杜宇王朝已经不同于先前的朝代，无论是政治经济，还是军事文化，都非常发达。

据相关学者研究，杜宇时代，原始农业鼎盛，已能大规模治水。确立了君主政治，有了国家机器，以统治所辖疆域中的人民。其国力渐强，经济、政治、文化的辐射力已超出成都平原乃至四川盆地了。

历朝历代的人们，为了感激杜宇教民务农有功，每年农历五月初五端午节和七月初一祭祀望帝杜宇。直到今天，四川省的民间还保留着不打杜鹃鸟的习惯。

五丁开山开出了啥

古蜀国经过鳖灵治水后，成了天府之国，物产丰富，取之不尽用之不竭。如此宝地，自然有人觊觎；但"蜀道难，难于上青天"，要想进来是千难万难！那后来的秦国人是怎么进来的呢？

据《华阳国志》《蜀王本纪》《水经注》等古书记载，那个时候，秦国强大起来了，自然垂涎资源丰富的蜀国。而蜀国是一夫当关，万夫莫开，军队不容易通行，硬攻显然不是办法。

秦惠王便想出两条妙计：一是"金牛计"，二是"美人计"。

先说"金牛计"，秦惠王叫人做了五头石牛，每天在石牛屁股后面摆上一堆金子，谎称石牛是金牛，每天能拉一堆金子。蜀王听说后很是羡慕，就派人去秦国索求金牛。秦王答应了，但是要求蜀国派人去取。于是，蜀王派出五丁力士率队前往秦国，去把金牛运回成都。为了运送金牛，蜀国的军队一路开山凿道，硬是在蜀国和秦国之间修出了一条道路，这就是著名的古蜀国故道——金牛道。

金牛平安运到了蜀国，自然也就到了"金牛计"露馅的时候。蜀王发现金牛不过是普通的石牛，勃然大怒。狡诈的秦惠王又派人送信给蜀王，说秦国有五个天仙似的小姑娘，比金子还珍贵，如果蜀王要的话，愿意无私奉献。英雄难过美人关，蜀王欣喜若狂，再次派五丁力士去往秦国，把五位美女接回来。

五丁力士护送五位美女归蜀，前期还算顺利，经过梓潼时，忽然看到一条大蛇正向一个山洞钻去。五丁力士为了美女的安全，想把蛇拖出来扔到山谷里去，可一个人拖不动，于是五个兄弟联手去拖蛇的尾巴。来来回回地拖了几次，巨蛇才被一点点地从山洞里拖了出来，大家非常兴奋，正准备庆祝的时候；突然狂风暴雨，飞沙走石，一声巨响，地动山摇，刹那间五个壮士和五个美女全部灰飞烟灭！

这两场戏一唱，蜀王招架不住了，金牛与美女不但没有得到，还损兵折将，直至毁家丢国。但是，五丁开山并非均为悲剧，于秦国而言，开出了国力强盛的先机。

事实上，东周以后，尤其是战国时期，秦、蜀两地之间的互通交流非常迫切；然而，要想从正面打通秦、蜀之间的通道，在龙门山脉与秦岭天堑的绝壁沟壑间凿石筑路，其工程之艰险，行进之艰难，耗费之巨大，即便是拥有现代技术的我们都不得不惊叹先人们的智慧与耐力！

因此，两千多年来，蜀道的开凿与贯通，始终充满了神秘与浪漫，神奇的传说自古及今。

据说，当年的秦惠王因为攻韩还是伐蜀而举棋不定，便将此事交予大臣们讨论。最后，秦惠王采纳了伐蜀的建议。然而，秦国离巴蜀，有秦岭之隔，巴山蜀水，万千艰难，这便引出了"五丁开山"等神话传说。

神话看似无稽之谈，但人们总会从中读出一些隐匿的真实来。五丁开山，开通了蜀道，因为有石牛粪金的故事，蜀道又称金牛道，后世曾设金牛驿。唐代诗人胡曾有诗《金牛驿》："五丁不凿金牛路，秦惠何由得并吞。"

五丁开山开出了"金牛道"，也即古剑阁道；开出了"五妇岭""五丁山""五丁桥"；当然也间接地导致蜀国亡国与秦国的强盛。

神秘的三星堆与谜一样消失的古蜀国

沉睡几千年，一醒惊天下。三星堆遗址被称为 20 世纪人类最伟大的考古发现之一。起因于 1929 年，四川省广汉市西北的鸭子河南岸的一名叫作燕道成的农民，挖沟渠竟然挖到了不少玉石器，他偷偷地把这些玉石器藏了起来，过段时间后，悄悄拿出去卖掉一些；时间一长，关于他挖到宝贝的消息就被传了出去。

后来，随着断断续续的发掘，三星堆的神奇面貌逐渐显现，不仅震惊了众人，还颠覆了人们对于文明的认知。发掘出的物品，也让人不禁怀疑三星堆文明是外星文明。那么，三星堆究竟有何神秘之处呢？又为何会引起如此大的争议？

这自然与古蜀国相关。三星堆的发现解答了很多相关的传说，传说不再神秘，而是现实的存在。三星堆，让古蜀国成为神话国度里的现实传奇。

天地初开、洪荒的上古时代，古蜀地的四周便因崇山峻岭、高峡幽谷的阻塞，人烟稀少，与世隔绝。传说半人半神的蚕丛、柏灌及鱼凫开创了古蜀王国，后又经历了杜宇、鳖灵两代蜀王的开疆拓土和安民治水，一举奠定了蜀国开明十一世王朝的漫长统治，直到后来秦惠文王灭蜀。

神秘的三星堆遗址出土，一次又一次地给人们带来了惊喜！三星堆文化的神秘性带给人们无尽的想象。

高达 3.95 米，集"扶桑""建木""若木"等多种神树功能于一身的青铜神树，其共分三层，有九枝，每个枝头上立有一鸟，它不是一般意义上的鸟，而是一种代表太阳的神鸟。

被誉为铜像之王的青铜立人像，有"面具之王"美誉的青铜纵目面具。

长达 1.42 米，作为权杖法杖的金杖，其器身上刻有精美和神秘的纹饰，两只相向的鸟，两条相对的鱼，并在鱼的头部和鸟的颈部压有一个箭状物，同时有一个充满神秘笑容的人头像。

器身满饰图案的玉边璋以及数十件与真人头部大小相似的青铜人头像，俱是前所未见的……

这些奇特怪异的文物，再次展示了古蜀文明的神秘。

从三星堆遗址的考古发掘可以看出，古蜀文明不同于中原文明，但却与中原文明有着千丝万缕的联系。

古蜀人和古蜀文明，究竟是什么样的存在？三星堆遗址及其出土文物的许多重大学术问题，至今仍是难以破译的千古之谜。虽然专家学者对其中"七大千古之谜"争论不休，但终因无确凿证据而成为悬案。

第一谜

三星堆文化来自何方？我们所知的有其来源与岷江上游新石器文化

有关、与川东鄂西史前文化有关、与山东龙山文化有关等看法，即认为三星堆文化是土著文化与外来文化彼此融合的产物，是多种文化交互影响的结果。但三星堆文化究竟来自何方呢？

第二谜

三星堆遗址居民的族属为何？目前有氐羌说、濮人说、巴人说、东夷说、越人说等不同看法。多数学者认为岷江上游石棺葬文化与三星堆关系密切，其主体居民可能是来自川西北及岷江上游的氐羌系。

第三谜

三星堆古蜀国的政权性质及宗教形态如何？三星堆古蜀国是一个附属于中原王朝的部落军事联盟，还是一个相对独立的已建立起统一王朝的早期国家？其宗教形态是自然崇拜、祖先崇拜，还是神灵崇拜？或是兼而有之？

第四谜

三星堆青铜器群高超的青铜器冶炼技术及青铜文化是如何产生的？

第五谜

三星堆古蜀国如何产生，持续多久，又为何突然消亡？

第六谜

出土上千件文物的两个坑属何年代及什么性质？年代争论有商代说、商末周初说、西周说、春秋战国说等，性质有祭祀坑、墓葬陪葬坑、器物坑等不同看法。

第七谜

晚期蜀文化的重大之谜"巴蜀图语"。三星堆出土的金杖等器物上的符号是文字？是族徽？是图画？还是某种宗教符号？可以说，如果解开"巴蜀图语"之谜，将极大地促进三星堆之谜的破解。

……

这些谜团需要更多的智慧与更多的实物来论证与佐证，学者的探索永不止步。不过，可以肯定的是三星堆文物的祭祀坑不是被战争摧毁。古代的战胜国一般都会焚烧战败国的宗庙，但对战败国宗庙中的宝物却不会毁弃，而是作为战利品运送回国，炫耀胜利。

从考古的现场看，祭祀用品是人为埋葬的，显然有着足够的时间来做这项工作。祭祀坑平整规则，坑底堆放着小型青铜器、玉戈、玉璋，中间是大型青铜器，最上面则是 60 余根象牙，没有发现一点匆忙的痕迹。如果是战胜国所为，他们没有理由这么用心地做这件事。

到底是什么原因使得古蜀国消失时如此从容？有学者认为，三星堆的宗庙毁于大火；那么，三星堆文明突然消失，出现在别处，便也可以解释了。

可他们又去了哪里？崩塌的宗庙最终带走了古国的稳定，古蜀人是信仰神灵的，祭祀的圣地毁灭了，此地肯定成了不祥之地。

古蜀族人经过无数的争论，但谁也说服不了谁，最后在一场盛大而凄凉的告别仪式后，确定了两个不一样的方向。一部分族人依旧留在蜀地，创造了新的蜀地文明。

还有一部分族人，厌倦了蜀地的潮湿与闭塞，走出了成都平原，向着平坦开阔的中原区域迁徙，接受新的文明，开启新的天地。

古蜀国

·古蜀，也被称为古蜀国或蜀国，曾有多个朝代。后于公元前316年被秦国所灭。

·不同时期发展出的文化包括宝墩文化、三星堆文化、金沙文化、十二桥文化。

·关于蜀国的历史记载，较早见于西汉时期扬雄的《蜀王本纪》，直到东晋常璩的《华阳国志·蜀志》中才较详细地记载了蜀国的历史和传说。

·古蜀文明主要遗址有三星堆遗址，在四川广汉市西北的鸭子河南岸，分布面积12平万千米，距今已有5000至3000年历史，是迄今为止在西南地区发现的范围最大、延续时间最长、文化内涵最丰富的古城、古国、古蜀文化遗址。

·三星堆遗址被称为20世纪人类最伟大的考古发现之一，昭示了长江流域与黄河流域一样，同属中华文明的母体，被誉为"长江文明之源"。

第二章

古中山国始建于周景王初年（前544—前533年），最初称作鲜虞，中山文公时（前459—前414年）改称中山。前后立国二百余年，于战国中期达到鼎盛，是仅次于齐、楚、燕、韩、赵、魏、秦七国的一个较强的"千乘之国"。古中山国是国中之国、附庸之国、蕞尔小国，但是，如果没有一些过人的智慧，它又怎么可能生存二百余年之久呢？历代史书对中山国史记载颇少，为中山国的存在蒙上了一层神秘的面纱。

古中山国——国中之国的波澜起伏与神奇演绎

消失的古中山国是怎么找到的

1974 年，对于古中山国而言，注定是不平凡的一年！河北平山南七汲村，一大早，一位农民如往常一样劳作。

他一锄头下去，感觉碰到了什么硬东西，翻开土一看，是石头，上面还刻着不认识的文字；再深掘一下，还发现一些破碎的陶片、玉片。

这个农民不敢怠慢，他意识到自己很有可能挖到了宝物，就把挖到的东西交给了当地的相关文物部门。文物工作人员看了这些物件也非常惊讶，对比以前考察过的文物，似乎是战国时期的。

很快，文物人员赶到现场考察调研，获悉一位非常喜欢收藏石头的农民，三十年前就曾挖到一块刻字的石头。文物工作人员一听，惊喜万分，仔细研究石头上的文字，也觉得理解起来非常困难，就做了文字拓印本，寄给了相关的著名学者，请求对方翻译。

后来，汇总专家的意见，内容为"监罟有（圃）臣公乘得，守丘（其）曰（旧）（将）曼，敢谒后贤者"，大意为"（为国王）监管捕鱼和园林的臣子公乘得、看守陵墓的旧将军曼，敬告后日的贤人志士"。

其实，在进行挖掘前，有资深的考古工作人员猜想，这个战国时代的帝王陵墓很可能属于中山国的国王。因为这一带在战国时，属于中山国的领土。

那么，这个猜想是否正确呢？毕竟有关于中山国的记载，史料上寥寥无几，特别是它如何消失的，史书上也没有记载。

据说，当时对1号墓的发掘是在极其微妙的气氛下进行的，因为在考古队员心中，有一个疑问尚待解开——已进行了长达两年多时间所发掘的，到底是不是古中山国？

根据史书记载，公元前380年，中山国迁都灵寿，而河北中西部正好有个灵寿县，而灵寿县距离平山县三汲乡不过10公里左右，由此可知，这里曾经是中山国的势力范围。

当考古人员从出土的铜方壶外壁清理出三个古文字——"中山王"，所有的谜团也就揭开了，这里就是中山古国！

出土文物还告诉今人，在当时，由白狄后裔建立的古中山国，在服饰、文化、习俗上与中原诸国已无太大差别，已成为中华民族大家庭的一分子。

直至1979年著名的中山三器铭文出土，研究者从出土的鼎、壶、杂器中找到文字2450余个；其中，以往字辞书未见著录的字形计有149个，为研究中山国的文字、历史等提供了绝好的第一手资料。

对于古墓的挖掘，相关文物的出现，也证明了这里曾经就是中山国。至此，神秘的中山国展现在了世人面前，让后世之人看到了中山国的文明，了解了中山国的历史。

春秋初期，河北省石家庄周边活跃着由鲜虞、肥、鼓、仇等几个部落组成的部落联盟，随着实力的不断增强，他们开始向南发展，后来鲜虞人在有险可守的左人城建国。因左人城城中有山，故俗称"中山"。这是初期的中山国，也是"中山"一词的原始之意。

后期考证，中山国的古都城在灵寿古城，位于东灵山、西灵山以南，滹沱河北岸，有两条天然河沟为护城河，城中北部有一座小山岗，与史书中"山在邑中"的描写吻合。

目前普遍认为，中山国是由中山武公建立，经历了戎狄、鲜虞和中山三个发展阶段，在每个阶段都被中原诸国视为华夏的心腹大患，同样经历了邢侯搏戎，晋侯抗鲜虞，魏灭中山和赵灭中山的阶段。

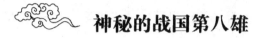

神秘的战国第八雄

在浩如烟海的史籍中，神秘的中山古国却仅有只言片语的记载。一次偶然中的必然，经过无数考古学者的努力，数不清的文物出土让人震惊，被岁月精心掩埋的千古秘密终于真相大白。

古中山国西连太行山东麓，东至冀中大平原，游牧业和农业双重发展，并驾齐驱。加上长期与中原诸侯的交流融合，其商业、手工业、军事工业和思想文化都达到了一定的高度，早就摆脱了游牧民族原始的生产生活和社会组织方式。

在群雄纷争、百家争鸣的春秋战国，神秘的中山古国曾绽放过耀眼的光芒，国内经济繁荣，军事力量强大，在外交上也颇有成功之处。

鼎盛时期的中山国，有战车九千乘，仅次于号称"万乘之国"的战国七雄。

什么是"千乘之国"呢？春秋战国以前打仗用战车，一个国家的军事力量如何，往往是说它拥有战车多少乘。战车一般由四匹马来拉，车上配备三名戴甲的士兵，此外大约还有 10 名跟随在战车后面冲锋的步卒，这样才能够被称为"乘"。古中山国在巅峰时期的兵力有 2250 辆马车、22500 名半职业军人，225000 名民兵，位列第八强也不足为奇了。

在思想方面，"中山专行仁义，贵儒学"，接受了儒家文化，中山国君尊贤重士，在重大政治活动中发挥士的作用，取得了一定的成就。

平山出土的铜器铭文中，大谈天命、忠、孝、仁、义、礼、信等，具有浓厚的儒家思想色彩。

语言文字方面，中山国也接受了中原文化的影响，王墓出土的三件重器上的长篇铭文，篆书文字全部为汉字，字体工整规矩。

《史记·货殖列传》记载：中山"丈夫……作奸巧冶，多美物"，生产非常发达。中山国的青铜金银工艺，令人拍案叫绝。更让人不可思议的是，头发丝样的纹饰里竟然可以嵌进金或银，这是怎么做到的呢？

这是因为中山国已有高超的淬火技术，淬火铁硬度和强度足以在青铜制品上刻凹槽；中山国也有精密铸造技术，可以铸造出细纹。错银双翼神兽、错金犀牛等不仅工艺精细，而且造型优美。

此外，古中山国可以独立铸造钱币。虽然早期主要使用晋国的货币空首尖足布和燕国的货币尖首刀，但是，一个发达的王国需要有自己的货币，中山王就令能工巧匠们铸造本土的货币——"成白"刀币。

钱币是商业流通的标志，大量钱币的出现，可见中山古国的商业繁荣程度。有学者认为，作坊区南部可初步确定是灵寿城内的"肆"，就是当时的商业交换活动的中心。

经考证，它东西长约750米、南北宽约450米，有相当大的规模了。这里出售的商品除了日常生活用的陶器和较为精美的铜器外，主要以铁器作为商品来交换。

近些年来的考古显示，古国城内有宫殿建筑群和制陶、铸铜、铸铁等官营手工业作坊区。附近一些稍大的房屋建筑遗迹出土有较大的残灶遗迹，相当于旅店或以前的客栈。

在外交方面，中山古国最大的收获，莫过于成就了"五国相王"。公元前323年，在公孙衍的斡旋下，魏国、韩国、赵国、燕国和中山国这五个诸侯国结成联盟，各国国君均称王，以对抗秦、齐、楚等大国。

这个事件不仅标志着周王权威的彻底消失，也标志着古中山国已经跻身于大国行列，成为"战国第八雄"！

群雄环伺下中山古国消失之谜

河北地区为燕赵之地，自古多慷慨悲歌之士！

其实，除了燕、赵，还有一度与之抗衡的中山古国！这是战国时期三个诸侯国的故地，而古中山国位置非常特殊，嵌在燕赵之间，是河北的心脏！但是人们关注河北历史文化时，往往只知道燕赵，而忽略了中山。

中山国的国君姓姬，可能是华夏人文初祖黄帝的后裔，与周朝始祖后稷属于不同的分支。最早生活在北方，后来逐渐迁徙到太行山一带，中山国位于农耕区域和游牧区域的过渡带，同时具有农耕文化和游牧文化。

据学者考证认为，古中山国是一个由鲜虞人建立的国家，因城里有山而得国名。资料显示，中山古国历经中山文公、武公、桓公、成公、䗪王、姿王、王尚七代国君。在两百多年的峥嵘岁月中，中山国为燕赵历史书写了绚丽的篇章，是当之无愧的"战国第八雄"。

因为中山国不是周天子册封建立的国家，风俗习惯与其他中原诸侯国有一定的差异，所以长期以来被视为异类，建国之后就成为中原诸国的心腹大患。而鲜虞人与周边各诸侯国也不友好，时常想着攻打它们。

中山古国生于忧患之中，被大国所欺而变强，被强国占领又复生，其不屈不挠、顽强自立的精神世所少见。在强国包围之中，它依然坚持发展经济、壮大自己，几乎跻身强国之列，其经济和文化之辉煌令人刮目相看。

中山国为了抗衡赵国，便和齐国交好。在公元前 323 年，赵、魏、韩、燕四国同时宣布称王，中山国君并没有考虑到自己的身份，竟然不顾齐国的反对，也开始称王，这也让齐国对其态度冷淡。中山国还在燕国和齐国交战的时候，出兵攻打燕国后方，这也导致它和燕赵同时交恶，腹背受敌。

当时，秦、赵、魏等国推行变法，而中山王采取孔孟之道治国。或许在统一王朝，这是治国的好方针，但是在内忧外患的中山国这并不是一个合适的选择，他们的军队实力进一步衰退，最终在公元前296年，中山国被赵国所灭亡，提前退出了春秋战国的舞台。

中山古国灭亡的时候，一位身着重甲，手执大铁杖的悲情勇士，叫吾丘鸠，表现出非凡的救国情怀。

根据《吕氏春秋》的记载："衣铁甲，操铁杖以战，而所击无不碎，所冲无不陷，以车投车，以人投人。"他如神魔般屹立在赵国骑兵阵前，以血肉之躯抗击蜂拥而至的赵国车马，赵国的骑兵只好且战且退。但是，赵国的兵马太多了，杀不完也挡不住，凶猛的赵军以弓箭射其薄弱之处，依靠骑兵的机动能力，一次次联排攻击，吾丘鸠呐喊着拼尽最后一点气力，回望自己深爱的国家，重重地摔倒在故国的土地之上。

河北文史馆馆员、河北省中山国文化研究会会长张志平先生赋诗云："两千年前称八雄，此后百代埋姓名；三番家破故国在，独留一石记乾坤。"（《中山怀古》）

夹缝中生存的秘密

其实，"五国相王"最大的受益者是魏国，它在诸侯国之间树立了威望！

东方大国齐国，担心魏国凭借这一联盟势力对本国不利，就找了一个借口：因为中山国曾经是大齐的附属国，所以不具备称王的资格。齐国提出联合赵、魏，废中山王号。

赵、魏自然明白齐国的意思，不会上齐人的当，是中山称王的坚定的支持者。齐国看这样不行，就关闭同中山国往来的通道，并提出割平邑给燕、赵，施以重利，邀请他们一同出兵攻打中山国。

中山王得知消息后，也慌了，连忙选派谋士张登前往齐国游说。

张登是一位机敏的谋士，以厚重的礼金拜见了齐国相邦田婴。张登凭着三寸之舌，首先说服了田婴，最终说服了齐王。他的意思是，齐国反对中山国称王，其实是把中山国往赵、魏那边赶。齐国不如先同意中山国，让他称王，然后还和中山国保持比较好的关系，让赵、魏和中山国发生对立。

此举非常了得，可谓一箭双雕！一方面，中山国如愿称王；另一方面，造成了燕、赵两国和齐国断交，共同帮助中山国建立王号。因为燕王和赵王必然生气，认为齐国只是在欺骗两国，挑拨中山国和两国的关系，然后齐国自己意图和中山国建交。

在这样的情况下，就算是齐国真的拿出平邑来，燕王和赵王也不会答应出兵。这样，不仅化解了危机，更是巩固了国家！

称王后的中山王不断对外征伐，一次次胜利使他有点自我膨胀！可古中山的国土面积实在太小了，加上四周强国林立，王国的安全自然让旁观者担忧。

到了中山王后阴姬这一代，已经是危机四伏了！有次阴姬做了个噩梦，她梦见一头小鹿正在河边喝水，后面来了只老虎，一口就把小鹿咬住了。她被吓醒了，急忙把梦中的情景告诉了中山王。

中山王觉得这个不同寻常的梦是上天给他的指示，便找司马相邦来解梦。

相邦当然能看出王国的危机，为此，他借梦言政，告诉中山王，鹿是祥瑞之物，它在河边饮水说明正是中山国休养生息的时候，而虎是外来的猛兽，象征着国外的强敌，血则预示着刀兵之灾，这个梦说明现在与外国开战只会破坏中山国难得的安定。

中山国君也非等闲之辈，很快就领会了相邦与王后的意图。为了时时警醒自己，他下令铸虎噬鹿屏风座。后来考古出土的铸金银虎噬鹿屏风座非常精美，身躯浑圆、色彩斑斓的猛虎和虎口中柔弱的小鹿，皮毛斑纹都是用金银镶错而成，望之栩栩如生。

工匠们似乎领会了中山王的意旨，巧妙地刻画出战国时弱肉强食的意境。虎张开血盆大口，将一只小鹿一口咬住，一下就吃进了鹿的小半身躯。虎尽全力捕噬，鹿则拼命挣扎。

当然，这个传说反映出中山王统治集团的统治智慧，逐鹿便是追逐权力，"逐鹿中原""秦失其鹿""群雄逐鹿"等一系列成语，将"鹿"作为权力、帝位的象征。铸金银虎噬鹿屏风座还可能是中山统治者逐鹿中原、问鼎天下雄心壮志的物化。

古中山国是国中之国、附庸之国、蕞尔小国，如果没有一些过人的智慧是无法生存下来的。可是，历代史书对中山国史记载颇少，即便有记载，也是零零星星的，为中山国的存在蒙上了一层神秘的面纱。

不过，西汉的刘向，偏爱古中山国，他编纂的专门记录战国时纵横家游说各国的活动和说辞及其权谋智变斗争故事的《战国策》中，专门总结了一卷《中山策》，将中山国与战国七雄同等对待。

《史记》缘何漏掉了古中山国

《史记》是一本奇书，究天人之际，成一家之言！

这本奇书是中国"正史"之首，为后世史书树立了典范。书中的内容包括本纪、表、书、世家、列传五部分，其中的"世家"是专门用来记述子孙世袭的王侯封国史迹的体例。

"世家"除了战国七雄之外，连陈国、卫国、宋国、郑国这样的国家都有一席之地。虽然《史记》上也多次提及中山国，但就是没有一部完整的中山国史。

古中山国并非等闲之辈，在春秋战国时也曾经叱咤风云，无论是政治军事，还是文化思想，都令人刮目相看。近几十年的考古发现，古中山国有着非常发达的文明，那么博大精深的《史记》为何对其视而不见呢？

这是一个谜，也让中山国蒙上了一层神秘的面纱。

《史记》的编者司马迁，出身史官世家。史官是家族承传的一门职业，司马迁凭着家学渊源，加上自身的禀赋，接过做太史令父亲的衣钵，续写历史。后来，发生了李陵事件，他不计个人得失，率直地为李陵说情，不料被武帝下狱，处以宫刑。

司马迁受到奇耻大辱，可并没有一蹶不振，而是更加发愤著书，秉直写诗。在他笔下，武帝专制，迷信神仙，梦想长生不老，愚昧受欺而不醒悟。

丞相公孙弘虚伪，处事阳奉阴违。

丞相石庆谨小慎微，对皇帝唯唯诺诺。

卫青身为大将军，领兵在外也唯皇帝之命是从。

霍去病则贪图个人享乐，不顾士卒疾苦。

……

司马迁的如椽大笔，还有什么不敢写的呢？

然而，他为何对这个存世200多年的中山古国，没有单独记载？司马迁这样一位严谨的史学大家，怎么可能出现如此的低级失误？

古中山国从何处来，真的是由白狄人建立？它为何能在华夏文化中心区域立足并逐渐强大？它为何能创造出那个时代最璀璨的文明？强盛一时的中山国为何迅速走向覆灭？

熟悉古中山国历史的人知道，中山国的灭亡与一个人有关，就是司马憙，他恰恰是司马迁的先祖，曾三次担任中山国的相国。

司马憙在中山国生死存亡的时刻献城投降，他和他的儿子司马子期都成了赵国的功臣。

当然，司马憙家族并没有得到善终，在中山王后阴姬的报复下，借助赵武灵王之手，以"怂恿君王误国"的罪名将司马憙处死，同时罢免了他儿子司马子期的官职，将司马氏全家逐出了中山国。

由此，司马氏迁居于秦国的夏阳（今陕西韩城市），秦国灭亡后入汉朝为臣，为汉朝皇帝的史官。作为世代为史官的司马氏，肯定掌握有大量中山国史料。

或许，严谨的司马迁已经列好了《中山世家》，但他在动笔时又犹豫了。

先祖司马憙为赵国立下了卓越功勋，到头来不但未能享受到荣华富贵，还落得个身败名裂的下场，深谙历史的司马迁何尝不觉得耻辱。自己该如何去写自己的祖宗呢？

往脸上贴金固然不行，如实去写就更不行！有辱祖宗不说，对自身和家人也极为不利，弄不好就会身败名裂，祸及子孙。

当然，也有另外一种说法。司马迁写史记是有原则的。先秦时期，有华夏和四夷的区分：遵守周礼的地区称为夏，对遵守周礼的人们和民族称为华，不遵守周礼的地区称为蛮、夷、戎、狄。中山国源于北方之狄，自然不在世家之列了。

古中山国

· 中山国（公元前414年—前296年），姬姓（一说子姓），建立者为中山武公，是由白狄所建立的国家。

· 中山国是千乘之国，并且有过九千乘之国的记录。

· 中山国处在燕国与赵国之间。经历了戎狄、鲜虞和中山三个发展阶段，曾长期与晋国等中原国家交战，一度被视为中原国家的心腹大患。

· 公元前407年，魏国魏文侯派大将乐羊、吴起统帅军队，经过三年苦战，占领中山国。

· 后来中山桓公复国，一度强盛，有战车九千乘。公元前296年，为赵国所灭。

· 中山文化主要分布在今定州市和灵寿、平山、晋州一带的山区。从出土的器物来看，具有鲜明的游牧文化特点，其双耳铜釜、扁方壶、兽首青铜短剑和金腕饰等，充分反映了北方游牧文化与华夏诸国文化的交流与影响。

第三章

　　一个被历史书一笔带过的小国，却曾是东北强大的存在，它是《新唐书》所称的"海东盛国"。北至俄罗斯，东至朝鲜半岛，南至辽宁，西至吉林。渤海国人虽然没有留下自己所写的史书，可我们依然能够通过不断发现的遗址与文献，逐渐了解存在二百多年的渤海国。

渤海国——
被历史文献打捞起来
的『海东盛国』

"谜中王朝"的诞生

渤海国有着"谜中王朝"之说，它谜一样的存在，吸引着众多历史学者与文化探秘者。渤海国，建于武曌时代，亡于契丹的铁蹄，传国十五代，历时二百二十九年。

渤海国之谜，主要还是缺乏相关的文献史料记载；即便有，也是断断续续，不成体系！面对缺少史料依据的模糊不清的渤海王国，在追忆昔日的历史时，便产生了众多的猜想。近些年，随着考古的大发现，一个强大而繁荣的东部王国逐渐显现在世人面前。

不过，渤海国始终与中央王朝保持臣属关系。强盛时期的渤海国疆域数千里，不但包括现今的东北，而且连库页岛、朝鲜半岛东北也都包含其中。

隋唐时代，与高句丽的战争不绝。经过多次的拉锯战，最终在强大的唐朝铁蹄下，高句丽的政权被踏碎。自此，东北地区各种势力迭起，烽火连天，硝烟遍地，战乱不已。

高句丽灭亡之后，唐朝控制了今嫩江与松花江一线以南的中国东北和朝鲜半岛的大同江以北的土地，而新罗则控制了朝鲜半岛的大同江以南的土地。但是高句丽遗民并不服从统治，利用一切机会反唐，妄图复兴高句丽。

公元696年至公元697年，短短的两年时间，武则天执政期间，就四次派精锐镇压，最终促使塞外各部的反唐联合阵线瓦解，稳定了东北边境。

不过，武则天为安定东北边疆局势，在对契丹实行武力围剿的同时，对参加反唐的粟末靺鞨采用招抚政策，于公元698年封粟末靺鞨首领乞四比羽为许国公、乞乞仲象为震国公。乞四比羽不相信唐朝的诚意，拒绝受封，结果被唐朝的追兵所击斩。乞乞仲象率部向东逃亡，途中病故。乞乞仲象之子大祚荣代父率所部继续逃亡。

《旧唐书》所说的"渤海靺鞨大祚荣者，本高丽别种也"，是指"素附于高丽"的白山靺鞨人，而不是"每寇高丽"的粟末靺鞨人，更不是高丽人。

正是因为这样的依附关系，大祚荣在本族与高句丽族之间均有威望，不失时机地率领靺鞨之众及高句丽遗民，在吉林省敦化县城附近的东牟山筑城建立了震国，走到了历史的前台。

但是，降唐的契丹大将李楷固作战彪悍勇猛，率军对大祚荣部紧追不放，企图消灭这个部落！大祚荣也是一代名将，岂能轻易受降？当李楷固追击至天门岭，大祚荣就运用计谋击败了李楷固的军队。

取得胜利的大祚荣，并没有被胜利冲昏头脑，而是紧急召集了乞四比羽的残部，会同靺鞨余众及高句丽遗民，重整旗鼓，继续东进，抢占了不少原来契丹人统治的地盘。

那时候，唐朝正和契丹、突厥对抗，切断了唐朝与靺鞨的通道，加之唐朝内部也不稳定，在这种鞭长莫及的局面下，给了大祚荣生存的空间，使他在东北站稳了脚跟，得以立国。立国之后，大祚荣先后征服其他部落，不断扩张地盘，直至王国疆域二千里，十余万户，有军队数万人。

东进之后，稳定了地盘，大祚荣于公元698年回到长白山下靺鞨故地，以奥鲁河（牡丹江）上游为中心，据东牟山（今吉林省敦化市的城子山古城址）筑城以居，即以此城为都立国。

第三章　渤海国——被历史文献打捞起来的「海东盛国」

31

后来，大祚荣也主动向唐朝示好，表示愿意臣服。唐朝政府也疲于东北战事，希望能尽快缓和，便于公元 713 年，派遣崔忻为使，册封大祚荣为左骁卫员外大将军渤海郡王，并以其所统治的地区为忽汗州，加授忽汗州都督。从此大祚荣就不再称为震国而称为渤海国了。

大败李楷固

武则天万岁通天元年（696 年），契丹发动叛乱，大祚荣父子参与反唐。次年，乞乞仲象去世，大祚荣继位，率领余部迁至天门岭一带时，重创紧追不放的李楷固率领的武周王朝的大军。

这一战，让一个人走上东北亚的政治舞台，他就是大祚荣！

大祚荣，本名祚荣，无姓，后因其尊称而取姓为大氏，是中国古代民族——粟末靺鞨族人、粟末靺鞨首领乞乞仲象之子、渤海国的建立者（698—719 年在位）。

追剿他的将领，也非常了得！是备受武则天器重的契丹降将李楷固。

李楷固性格桀骜，粗中有细，爱憎分明，重情重义，是个真汉子，且军事才能不俗。他原本是契丹松漠都督李尽忠手下大将，后来率军投降武周王朝，武则天对他的勇猛非常欣赏。据史书记载，李楷固与唐军作战，就像老鹰冲进鸽子群，所向披靡，跟武周王朝军队作战从未败过。李楷固投降后，朝廷大臣说他曾经多次战胜周军，想要把他处死。后来还是宰相狄仁杰说："楷固骁勇绝伦，能尽力于所事，必能尽力于我。若抚之以德，皆为我用矣。"李楷固这才免于一死！后来，狄仁杰还说服武则天重用了李楷固。

应该说，狄仁杰是有识人之明的，后来的李楷固确实对武则天感恩戴德，帮武则天平了造反的契丹人。这一次舍命追剿大祚荣，自然也是效命于武周王朝。

这一次战役，记载在《资治通鉴·唐史》：

> 楷固击乞四北羽，斩之，引兵逾天门岭，逼祚荣。祚荣逆战，楷固大败，仅以身免。祚荣遂帅其众东据东牟山，筑城居之。祚荣骁勇善战，高丽、靺鞨之人稍稍归之，地方二千里，户十余万，胜兵数万人，自称震国王，附于突厥。

在逃亡的过程中，大祚荣临危受命，承担起率众向故地作战略转移的重任。他审时度势，认为唐廷剿灭之意已定，再向唐廷请降已无可能，而北方突厥虽表面支援实则不怀好意，此时对两方都不可抱任何幻想。而东北老家因高句丽新灭，已经再无强敌，唐朝与突厥的势力在那里又鞭长莫及。于是，他当机立断，率领族众与高句丽遗民所部携家带口两万余人，于公元697年深秋秘出营州北界，向粟末部老家忽汗州方向东奔。

李楷固的军队骁勇彪悍，一路上紧咬不放，领军追击到天门岭，眼看就要追上大祚荣了。面对李楷固咄咄逼人的进攻，大祚荣深知正面迎战非武周王朝军队的对手，便采取了诱敌深入的战术：一面大力招纳靺鞨各部共同抗拒敌军；一面不断向深山中撤退，诱导李楷固领军跟随。

大祚荣早就选好了地方，天门岭就是设伏的绝佳所在。利用靺鞨人熟悉地势的优势，他集合靺鞨兵，在天门岭与武周王朝的军队进行决战。李楷固统率的军队犯了轻敌的错误，长驱深入追击，当武周王朝的先头军队渡过天门岭时，大祚荣吹响进攻的号角，两军对垒，喊杀声一片，战马长嘶，飞矢如雨。

李楷固大吃一惊，大喊不妙，知道中计了！他急忙命令两翼骑兵出阵解救，并急催后军步兵迅速渡过沙河增援。但大祚荣是何等人物，早就想好了对策——围点打援。当武周王朝的步兵渡到一半时，预先藏在河东岸山林中的伏兵依计突然从林中冲出，直扑正在渡河的步兵。大祚荣的盟军勇猛异常，策马持矛所向披靡，将武周王朝的军队大阵一分为二，再冲乱其阵脚，分别消灭。一时间，溺死者、弃甲逃遁者不计其数。

李楷固本来率先锋部队在前面作战，却忽闻身后杀声四起，忙派斥候打探。斥候不断来报，后军遭袭，业已溃散！李楷固大惊失色，知道这次遇到劲敌了！

李楷固见此情景，知道大势已去，只得命令军队且战且退，据一险处扼守。等到月黑天高，他便率领残部向西突围，逃之夭夭。待其数日之后回到营州时，已是"仅以身还"了。

王朝的盛歌

天门岭之战，大祚荣大胜。大祚荣乘机兼并了其他弱小部族，建立政权，自称震国王。至于"震"字的含义，有研究者认为"震"字出自《周易》震卦的卦名，也说明粟末靺鞨人深受汉文化的影响，而韩国与朝鲜的一些学者认为"震"字有"威震四方"之意，故取其名。

大祚荣不仅仅是军事领袖，也是战略领袖！他深知自己的王国正处于险境，需要周旋于多个大大小小的国家，才有可能安稳！他不但派遣使臣与突厥结盟，而且交好新罗等国；主动寻求唐朝的册封。最终，在神龙元年（705年），唐中宗李显册封大祚荣为渤海郡王。

大祚荣立国以来，由于政治清明，治理得当，数年之间，得到了迅速发展。其疆域南接新罗，北邻黑水靺鞨，西连契丹、突厥，所属人民囊括了靺鞨、高句丽、契丹、奚、室韦等诸多民族，有户10余万，胜兵数万，地方5000里，成为当时东北地区一支举足轻重的政治力量。

由于与各方势力达成了均衡，渤海国延展了二百多年。在这段时期，渤海国创造了灿烂的文明。农业、畜牧业、渔猎业相当繁荣，包括纺织业、冶炼业、金银铜铁加工业、制瓷业、造船业在内的手工业发达，航海技术精湛。汉字是渤海国的通行文字，渤海国学术气氛浓厚，文学、艺术、绘画、雕塑都有建树，成为中原人眼中的海东盛国。

政治制度方面，渤海国基本仿照唐朝。设有三省、六部、十二司、一台、七寺、一院、一监、一局等比照唐中央政权的办事机构；在一些政治、经济中心和军事要地的府，仿唐五京之制设上、中、东、南、西五京。上京设在王城所在的龙泉府，中京置于早期都城所在的显德府，东京立于一度为王城的龙原府，南京在靠近新罗边境的南海府，西京在"朝贡道"上的鸭渌府。渤海国共有15府、62州、100余县。因为与大唐的关系密切，受到唐中宗册封后，渤海国实际上是唐王朝设在东北地区的一个最高军政机构。

渤海国的经济非常发达，区域内社会生产门类十分齐全，除了渔猎业外，当时中原地区具有的农业、畜牧业和手工业，应有尽有。《新唐书·渤海传》就详细记载：

"俗所贵者，曰太白山之菟，南海之昆布，栅城之豉，扶余之鹿，郑颉之豕，率宾之马，显州之布，沃州之绵，龙州之䌷，位城之铁，卢城之稻，湄沱湖之鲫。果有九（丸）都之李，乐游之梨。"

文化教育方面，渤海国将中原的儒学文化作为其教育的主要内容。历代国王派子弟到长安太学"习识古今制度"，使用汉字，说汉族官话。不少人在唐朝参加科举考试，有的考中进士。学成归来后，基本在渤海政府担任要职，大力传播中原文化。五京府及周围区域，基本是执行中原教育模式，自上而下地建立了较为系统的教育体制。

从史籍记载看，儒学无疑是渤海国整个社会的统治思想。政治机构命名，以忠、仁、义、礼、智、信、中正、太常、司宾、胄子等来标示三省六部及诸寺、监、台、局。在首府上京，设有国子学、太学，在地方各府州县设有府学、州学、县学，以博士、助教担任教师，传授儒学经籍典章。

渤海国普遍使用汉字。渤海国的散文，无论是书、表、牒、状，在文体上总是使用唐前叶通用的骈体文。这固然与唐廷给渤海国的敕文多行骈骊有关，但渤海国贵族子弟乃至士人经常入唐习典章制度，也是重要因素。

在唐诗的影响下，渤海国在同一时期也创造了诗歌的辉煌，其体裁、风格酷似唐代，清新多样。据《新·旧唐书渤海传》《文献通考》《唐会要》《玉海》等典籍记载，渤海国多次派遣留学生赴唐学习。他们在学成回国时，总是带回大量唐朝的诗文集回去研读、摹写，以致作诗唱和、酬酢往来在渤海国上层社会乃至士人之间蔚然成风。

研究渤海国的雕塑，石狮、石佛、石灯幢等一些艺术品，均是中原风格。壁画主要见于墓室，其风格明显模仿中原，显示出渤海国工匠描摹盛唐艺术的非凡能力。

渤海国绘画也是颇具造诣，据《海东绎史》渤海条引《书史会要》记载："大简之，渤海人画家，工松石小景。"这是史书记载唯一的渤海国画家，但遗憾的是未有作品流传下来。贞孝公主墓壁画，是迄今为止唯一保存下来的渤海国完整壁画，采用单线平涂略加晕染的技法，颜容典雅、丰腴饱满的人物临摹，体现出渤海国绘画艺术有盛唐文化的风韵。

《金史·乐志》就记载有"渤海乐"。以靺鞨音乐为主体，融入唐中原以及渤海邻国音乐文化元素而形成的音乐形态。渤海国音乐亦取得较高成就，不仅在当时传入日本，后世金朝宫廷还专门设有"渤海乐"。

渤海国时期的建筑技术和装饰工艺达到了相当高的水平，以西古城和八连城为都时，在广阔的延边境内修建了大量的城邑，有平原城、山城、寺庙及村落。时至今日，仍然遗留着这些建筑的板瓦、筒瓦、砖以及饰有莲花纹、忍冬纹、宝相花纹、孔雀纹等的瓦当、檐头瓦、砖等。

近几十年来，考古的发掘与文献的推演，逐步还原了一个文明而发达的渤海国。在充分吸收唐代先进文化的基础上，渤海国还杂糅其他民族的优秀因子，最终成为横亘在东北亚地区的"海东盛国"。

渤海国对外交流与合作

大祚荣是中国历史上杰出的少数民族军事家、政治家，史称创造渤海国的海东盛王。他在位22年，初步创建一个政治、经济、文化迅速发展的多民族政权，为中国古代各民族友好往来、文化互补创造了极其有利的条件，渤海社会的快速进步发展从此开端。

渤海国全盛时期，北至黑水，西南接唐，以吉林为中心；其疆域北至黑龙江中下游东岸，鞑靼海峡沿岸与库页岛相望，东至日本海，西到吉林与内蒙古交界的白城、大安附近，南至朝鲜之咸兴附近。全境方达五千余里，设五京、十五府、六十二州、一百三十余县。历史上誉为"海东盛国"

作为唐朝的藩属国，渤海国对盛唐的文化全盘吸收，陆续派遣大批留学生与学问僧来到唐朝交流学习，他们把盛唐文化源源不断地带回渤海国，同时也把东北地区的本土文化带到中原。

唐朝在帝国向周边民族开放的科举考试"宾贡"中，渤海国人以极高的汉文化素养常常拔得头筹。他们在长安生活，与唐朝士人往来甚密，大诗人温庭筠就有一首著名的送别诗《送渤海王子归本国》：

疆理虽重海，车书本一家；

盛勋归旧国，佳句在中华。

定界分秋涨，开帆到曙霞；

九门风月好，回首是天涯。

事实上，在唐代东亚区域政治舞台上，渤海国对外关系的发展是以渤海国与唐朝的藩属关系发展变化为中心的。尽管渤海国发展对外关系以实现自身利益为目标，但是从唐朝时东亚与渤海国生存与发展息息相关的现实条件来看，渤海国历史上各个时期对外关系的发展都离不开唐朝经营的藩属体制的实际影响。

其次，最值得关注的与日本的外交。研究表明，渤海国与日本的关系相当友好。据记载，渤海国从 727 年始，一共向日本遣使 34 次（3 次遭遇海难覆没），日本则向渤海国遣使 13 次，直到东丹国时期仍有遣日使臣。渤海国曾开辟了穿梭于日本海的"日本道"，作为两国往来通道。

日本嵯峨天皇弘仁九年（818 年）编成的汉诗集《文华秀丽集》、淳和天皇天长四年（827 年）编成的汉诗赋集《经国集》等书中都保存有出使日本的渤海国诗人与日本士人的唱酬之作，其中渤海人王孝廉的一首《奉敕陪内宴》写道：

海国来朝自远方，百年一醉谒天裳。

日宫座外何攸见，五色云飞万岁光。

外交关系稳定后，日本派遣唐朝的使臣可以经由渤海国入唐，不必再走十分危险的南路，大大方便了日本入唐活动，也间接促进了日唐之间的外交关系。

渤海国与新罗的关系比较紧张。在大祚荣时代，渤海国为了同唐朝对抗，并为了延缓新罗的北进，不得不主动靠近新罗。

在大武艺时代，新罗完全站在了唐朝一边，与唐兵配合，夹攻渤海国。

在大仁秀时代，渤海国势力有了进一步增长，其"南定新罗"，很显然是大仁秀采取了较大规模的军事行动，使新罗采取了守势，稳定了渤海国的南部边境。

896年，渤海王子进献朝拜与新罗使臣"争长"。按照惯例，在朝廷的朝会座次上，新罗使臣的位置居于渤海使臣之前。但在此次，渤海王子却提出要求，应该打破惯例，以实力强弱分配位次。新罗使臣当然不甘示弱，据理力争，以唐朝的旧藩为由，应居上。双方争执不下，朝臣也相议不决，最后昭宗本人裁决，新罗使臣仍居上位。

906年，还发生了因渤海人与新罗人共为同榜进士谁排名在前的争执。

在渤海国存在的始终，还贯穿着与契丹的交往。营州的契丹反唐，为大祚荣逃归故地建立震国提供了良好的时机，也为渤海与契丹的良好关系打下了基础。震国之初，两族都依附突厥，可以说是互助互利。

720年，唐朝攻打契丹，要求渤海国出兵相助，但是大武艺拒绝了这一要求，说明渤海国与契丹关系相当不错。

后来，因渤海国与唐朝的关系越来越密切，对契丹的关系也就趋于冷淡，而且越来越恶化，时常发生摩擦。

924年，渤海国对契丹用兵，攻打辽州，"杀其刺史张秀实而掠其民"。渤海国在国力、军事实力对比明显弱于对方的情况下，采取这样很不明智的举动，给了契丹连续攻击的理由，最终被日益强大的契丹势力所灭。

渤海国消失之谜

世事无常，突厥没了，回鹘也西迁了，契丹雄起，称霸大漠南北。

在立国两百多年后，渤海国突然消亡，东北地区在其消亡之后很长一段时间内也没有继续迸发出繁荣的文化光芒。

渤海国在政治实体消亡后，灿烂辉煌的渤海文化几乎顷刻湮灭，这也成为一个令人费解的文化史之谜。

这是一段怎样的秘史呢？

先说说内部政治环境。793 年，渤海文王大钦茂去世。其后二十多年间，渤海国一度进入国力中衰时期，先后更换了废王大元艺、成王大华玙、康王大嵩璘、定王大元瑜、僖王大言义、简王大明忠等六代国王，其间政局动荡，屡有宫廷政变发生，废王大元艺就是被国人废黜并杀死的，大华玙、大元瑜、大明忠等亦可能是因政变而即位或死亡。

同时，渤海国统治者大兴土木，筑城池，建宫室，消耗了大量的人力、物力和财力，加重了人民的负担。现在已发现的渤海时代的古城已达几十座。

《白云集·东京记》描述："道中远望，其上常有云气变幻如楼台宫阙状。稍近之，郁郁葱葱，又如烟井庐舍，万家屯聚。既而视之，无有也。"

随着社会的繁荣发展，贵族、官僚的日益腐化和骄奢淫逸，使统治阶级和广大农民、手工业者、部曲和奴隶的矛盾越来越尖锐。

贵族和官僚们为维护其特权，不断强化暴力机器，仅军队就由数万人增加到数十万人。在渤海国当时的生产力条件下，供养这样一支庞大的军队，使人民的负担更重，阶级矛盾更激化。

再说说外部政治环境的变化。唐朝的灭亡和契丹的崛起，使正处于末世的渤海国面临极为恶劣的外部环境。外交形势的恶化也在一定程度上加快了渤海国灭亡的速度。

面对这样的形势，渤海国曾经希望通过加强与后梁、后唐的联系，甚至争取实现与新罗"结援"，以应对来自契丹的威胁。

面对契丹人的强大威胁，渤海国也曾主动同新罗进行和解，"阴与新罗诸国结援"，以图联手对付契丹。可是新罗落井下石，在契丹人围攻渤海首都上京时，竟派兵参加攻打，并以有功得到了契丹的赏赐。

渤海国最后一个王大諲撰，庸愚暗昧，统驭失宜，使国家内部的各种矛盾严重激化。

具有战略眼光的耶律阿保机，抓住渤海国统治集团内部分崩离析这一时机，率军亲征渤海国，将其一举歼灭，并让自己的儿子当了国王，改渤海为东丹，五十七年后，废东丹国号，东丹疆域归了辽朝。

渤海国灭亡后，遗民不愿接受契丹统治，一部分进行激烈抗争，建立了定安国、兴辽国、大元国等反抗政权，但都被镇压，并且渤海国故地也在战乱中遭到极大破坏，使渤海文明遭遇毁灭性的浩劫。

另外一部分遗民，大批外逃或被强制迁移，被辽朝强迁到契丹内地和辽东地区的人数在 100 万以内，后来一部分融入蒙古族，大部分融入汉民族。

投奔高丽的遗民，人数在 30 万以上，都融入现在的朝鲜民族中，朝鲜半岛的陕溪太氏据说就是渤海王室大氏的后裔。

投奔中原内地的遗民数量很少，很快都融入汉民族中。

占人口一半左右的人留居故地和逃入女真地区，金朝时期对他们的同化政策使其融入女真族之中；到女真族兴起时，这些渤海国遗民，大多又回归到他们靺鞨兄弟的怀抱，报仇雪恨，灭了辽，建立了金朝。

古代文明史上没有一个不被灭亡或自我消亡的政权，曾经流光溢彩、盛极一时的"海东盛国"也不例外。每一个封建的家天下都逃不脱"再而衰，三而竭"的命数，但是立世二百多年、偌大的一个渤海国被摧枯拉朽般消灭，不能不让人扼腕长叹。

 小档案

渤海国

· 渤海国 (698-926)，是中国唐朝时期以粟末靺鞨族为主体建立的统治东北地区的地方民族政权。

· 公元 698 年，粟末靺鞨首领大祚荣建立靺鞨国，自号震国王。公元 713 年，唐玄宗册封大祚荣为渤海郡王，统辖忽汗州，加授忽汗州都督。从此粟末靺鞨政权以渤海为号，成为唐朝版图内的一个羁縻州。

· 公元 762 年，唐廷诏令渤海为国。都城初驻旧国（今吉林敦化），公元 742 年迁至中京显德府（今吉林和龙），公元 755 年迁至上京龙泉府（今黑龙江宁安），公元 785 年再迁东京龙原府（今吉林珲春），公元 794 年复迁上京龙泉府。

· 渤海国深受唐朝文化熏陶，享有"海东盛国"的美誉。926 年，渤海国为契丹所灭，并入大辽，传国十五世，历时 229 年，本身并不与渤海相连。

· 二百多年里，渤海国创造了灿烂的渤海文明，不但农牧业发达，儒家文化和佛教文化兴盛，而且在文学、音乐、歌舞、绘画、雕塑和科技方面，都有建树，成为中华文明重要的组成部分。

第四章

楼兰古国——一块紧张的世界史的纪念碑

楼兰古国作为盛极一时的西域重镇，是多民族政治、经济、文化交流中心，却在公元 3 世纪后迅速悄然地退出历史舞台，直到一千七百年后的今天，还保持着它"谢幕"时的姿态，令人恍惚觉得历史就发生在昨天，这一切至今还是个没有真正揭开的谜。

楼兰从哪儿来

《史记》中记录国书时，提及过"楼兰"，这也是其第一次出现在历史文献中。后来的《汉书》，对这个国家的往事，也有不少的记载。

考古资料显示，楼兰古城形成过程久远，早在石器时代就有人类居住。在罗布泊发现了史前墓地——太阳墓地。古墓有数十座，每座都是中间用一圆形木桩围成的死者墓穴，外面用一尺多高的木桩围成七个圆圈，并组成若干条射线，呈太阳放射光芒状，因此被称为太阳墓。

著名的"楼兰美女"便由此被发现，距今 3800 年了。

可惜的是，史前文明没有文字记载，对于楼兰的认知，主要还是源自后来的汉朝。中原王朝开始经营西域，从而揭开了楼兰历史崭新的一页。

当时的楼兰属于西域三十六个国家之一，它的国土和敦煌相连，在西汉时期，和汉王朝的联系十分密切。作为曾经丝绸之路的必经之地，现在的楼兰古城只存遗迹，地处新疆维吾尔自治区巴音郭楞蒙古自治州若羌县北境，罗布泊的西北角、孔雀河道南岸的 7 公里处。

当年的罗布泊水草丰美，既是放牧的好地方，也是丝绸之路的要冲。

张骞发现楼兰国时，其统治的疆域有 20 万平方公里，也算是当时的一个大国。楼兰距离敦煌很近，是西汉和匈奴争夺的战略要地。楼兰周旋于两大国之间，既得到颇多好处，也付出了数次灭亡的代价。

汉朝初期，国势较弱，还没有在西域争霸的实力，一般是忍气吞声，采取和亲的方式来拉拢西域各国。到了汉武帝时代，一代雄主，他决心彻底打通自敦煌至楼兰的交通线，这条线路据史载："从玉门关西出，发都护井，回三陇沙北头，经居卢仓，从沙西井转西北，过龙堆，到故楼兰，转西诣龟兹，至葱岭，为中道。"（《魏略·西戎传》）当然，楼兰是要冲，虽然小，但是繁华。西汉时期，楼兰的总人口不过14000余人，士兵总数不足3000。不过，在西域的三十六国当中，这个规模算是比较大的，但是在西汉帝国面前根本不值一提。

那时的楼兰曾经是繁荣富庶的国家，它地处丝绸之路的要冲，周围绿树环绕，水流清澈，水土肥美。这里商业发达，寺院林立，还能制造铁器和兵器。

公元前108年，受汉武帝派遣的从骠侯赵破奴率领700轻骑所向披靡，攻破楼兰，俘楼兰王。楼兰降服于西汉。论功行赏时，汉武帝封赵破奴为浞野侯，辅佐赵破奴攻袭楼兰国的王恢也被封为浩侯。

公元前77年，汉昭帝派遣大将军霍光遣平乐监傅介子到楼兰刺杀安归，立尉屠耆为王，更其国名为鄯善，迁都扜泥城（今新疆若羌附近）。

其后西汉常遣吏卒在其伊循城（今新疆若羌东米兰附近）屯田，镇抚其国。并自玉门关至楼兰，沿途设置烽燧亭障。

东晋时期，中原群雄割据，混战不休，无暇顾及西域，楼兰逐渐与中原失去联系。后来稳定后，中央政府设置西域长史一职，治所就在楼兰，楼兰也因此成为西域政治、军事、经济、文化中心。从长安出发，古丝绸之路一路西延，到达楼兰时开始分为南北两道。

到了唐代，中原地区强盛，唐朝与吐蕃又在楼兰多次兵戎相见。楼兰作为亚欧大陆心脏位置的交通枢纽城镇，在东西方文化交流中起了重要作用。处在强大的汉帝国、匈奴和周围许多游牧民族国家夹缝中的楼兰，时常面临生存危机，各国也经常为争夺楼兰进行大规模战争。

西域史名家冯承钧感慨："考证西域古国今地，往往一件简单问题，变成极复杂的问题，楼兰就是一例。楼兰疆域有多大？都城在何处？现在假定虽有几说，尚无定谳。"

公元4世纪左右，曾经风云一时的楼兰消失于历史的视野。

楼兰被誉为"沙漠中的庞贝城"，虽然迅速而悄然地退出了历史舞台，却留下了"一块紧张的世界史的纪念碑"，埋葬于滚滚黄沙之中！1700年后的今天，荒漠古道中的楼兰依然保持着它"谢幕"时的姿态，残垣断壁揭示出尘封的记忆，令人恍然觉得历史就发生在昨天。

揭开楼兰古国的神秘面纱

两千多年前就已见诸文字的古楼兰王国，在丝绸之路上，作为最重要的中转贸易站，是当时世界上最开放最繁华的都市之一。

楼兰的繁华，一时无二，据《后汉书·西域传》记载，这里"驰命走驿，不绝于时月；胡商贩客，日款塞下"。

"西天"取经的中国第一僧人法显评价说："其地崎岖薄瘠。俗人衣服粗与汉地同，但以毯褐为异。其国王奉法。可有四千余僧，悉小乘学。"唐代高僧玄奘对此地也进行了极其简单的记述："从此东北行千余里，至纳缚波故国，即楼兰地也。"

事实上，唐代的边塞诗人所言及的"楼兰"，一般只是西域的象征罢了。元朝时候，意大利旅行家马可·波罗向往楼兰，但却无法找到它。它就这样神秘地、无声无息地消失了，无任何记载。

1900年，瑞典有一位探险家斯文·赫定，用一把铁锹引发了地理大发现，由此揭开了楼兰古国的神秘面纱。这里有古代的烽燧，有汉文的简牍残片，还有许多汉朝至南北朝的钱币……消失千年的楼兰古城终于从史书的词句中跳脱出来，与司马迁和班固的记录一起，相互印证了一个古老文明的存在。

斯文·赫定称楼兰为"沙漠中的庞贝城"，震惊了整个世界。随后，许多国家的考古学家、地理地质学者、探险队接踵而至……

1905 年美国的亨廷顿探险队；

1906 年英国的斯坦因探险队；

1908 年至 1909 年日本的大谷光瑞探险队；

1910 年至 1911 年日本的大谷光瑞第二次探险队……

作为古代丝绸之路上的枢纽城市和中西文化早期交流的结合点，楼兰一直为世界各国考古、历史、文化等方面的学者所关注。20 世纪初期，英国人斯坦因、日本人橘瑞超等在楼兰挖掘并运出大批珍贵文物，致使楼兰出土的大量文物散失在英国、瑞典、法国、德国、日本等国家。1979 年至今，中国文物考古专家在楼兰地区先后进行了 6 次考察。

无数的探险家、科学家为楼兰古城而着迷，甚至付出生命。1980 年，生物化学家彭加木在罗布泊失踪。1996 年，探险家余纯顺在罗布泊迷路，最终脱水而亡。

各国探险队在楼兰古城及罗布泊地区发掘出的文物数量之丰富、价值之大，震惊了全世界。楼兰，这延续了数千年的文明，湮没了数千年的记忆，慢慢揭开了神秘面纱！

汉锦、晋代手抄《战国策》、"李柏文书""楼兰美女""太阳墓地"……楼兰是一个湮没在"沙漠中的宝地"，是遗落在历史角落的"博物馆"，是"东方的庞贝城"。

楼兰这么小的一个地方，竟然会成为西域最繁华的地方，其实原因也很简单——楼兰的地理位置实在是太好了。这给楼兰带来了大量财富的同时，也给楼兰带来了灾祸。

楼兰所在的地方，既是丝绸之路的重要节点，也是兵家必争之地。要到西方去，必然要经过此地；要保证经济贸易，就应当把楼兰握在手中。数百年间，汉朝和匈奴在楼兰一地展开了拉锯战，今天楼兰归你，明日入我囊中。楼兰国王苦不堪言，只好派一个儿子到汉朝去当人质，又派另一个儿子到匈奴当人质。汉朝对楼兰的外交政策颇有不满，楼兰国王只得陈书于汉朝皇帝，心酸地解释道："小国在大国间，不两属，无以自安。"

当然，还是后来的汉朝占据上风，派军队驻扎，将此地演变成了屯戍军区，既从事生产，又保障往来汉族人士的安全。

依据现在的复原图，俯瞰楼兰古城，城中东北角有一座烽燧，虽然经过历代不同时期的补修，但依然可以从它身上看出早期汉代建筑的风格。烽燧的西南是"三间房"遗址。这座面积为 100 平方米的房屋，建筑在一块高台上，三间房正中的一间要比东西两间显得宽大。

世界著名探险家，瑞典人斯文·赫定曾在东面一间房内发掘出大量的文书简。从三间房西厢房残存的大木框架推测，这里昔日曾是城中屯田官署所在地。

从三间房继续向西，是一处大宅院。院内，南北各有三间横向排列的房屋。在古城，这座院落建筑也是比较大的。相形之下，大宅院南面的房舍多数是单间，矮小、散杂而破败不堪。如果根据出土文书推测，三间房毗邻的框架结构房屋便是楼兰古城的官署遗迹。

因为汉朝的保护，鄯善国（楼兰国）则在新的土地上耕耘，形成了新的气象。从汉、三国、晋，到北魏时期，鄯善一直有纳贡中原的记录。但不久，强大的柔然兴起，侵占了鄯善，并与北魏征战不休，直至后来消失在历史的尘埃里。

古典诗词里的楼兰

楼兰之美，不仅在风景、文明、美女……更在诗词！

"黄沙百战穿金甲"，即使踏破楼兰，欲饮琵琶，也换不回"葡萄美酒夜光杯"。因为，现在的楼兰有的是"胡天八月即飞雪"，"一川碎石大如斗"。

阳光、碎石、迅风，还有飞沙拂过簌簌的回响，在接近楼兰的路上，充满了艰辛，也充满了诱惑。

据《汉书》记载：楼兰国王贪财，多次杀害前往西域的汉使。后来傅介子出使西域，计斩楼兰王，为国立功。以后诗人就常用"楼兰"代指边境之敌，用"破（斩）楼兰"指建功立业。

在"大漠风尘日色昏"的沙漠里，也要发出"不破楼兰终不还"的豪言壮语。

班超之"不入虎穴，焉得虎子"的胆识与气魄。

虞世南之"冀马楼兰将，燕犀上谷兵。剑寒花不落，弓晓月逾明"的婉转动人。

李白之"愿将腰下剑，直为斩楼兰"，书剑飘零的侠客，穿越在历史的风尘中。

王昌龄之"黄沙百战穿金甲，不破楼兰终不还"，建功立业者的豪情壮志，勇往直前夺取胜利的英雄气概。

杜甫之"属国归何晚，楼兰斩未还"，一股杀气扑面而来。

从宋朝到明朝，也一直在"斩楼兰"。宋朝文豪辛弃疾写的是"且挂空斋作琴伴，未须携去斩楼兰"。

明朝江南四大才子之一徐祯卿写的是"天子戎衣遥按剑，将军直为斩楼兰"，让人看得意气风发。

……

如此魅力无边，神秘繁华的楼兰：在诗词的世界，不是被破，就是被斩，的确令人怜惜与困惑。

楼兰，到底做错了什么事？

楼兰人口只有1万多人，国家小，人口少，可地理位置相当重要。它位于匈奴和汉朝之间的交通要道上。如果匈奴要入侵汉朝，或者汉朝要征伐匈奴，都必须经过楼兰。

楼兰夹在匈奴和汉朝之间，日子怎么可能好过？为了保存自己，历代楼兰王，只好做一棵"墙头草"，寻求生存的空间。

摇摆不定，首鼠两端，这大概就是楼兰留给汉朝和匈奴最深刻的印象。《汉书·西域传》记录了楼兰人为何摇摆于匈奴和汉朝之间："（楼兰人）负水儋粮，送迎汉使，又数为吏卒所寇，惩艾不便与汉通。后复为匈奴反间，数遮杀汉使。"

"墙头草"是一个贬义词，用来形容楼兰的所作所为或许是最恰当的了。表面上全心全意地投靠了汉朝，成为汉朝的心腹，但是在千钧一发时，居然又彻底地投靠了匈奴人，这对于中原人而言是非常可气的。所以历代文人对于楼兰人这种背信弃义的表现非常厌恶。

始返楼兰国，还向朔方城。——唐·陈子昂《和陆明府赠将军重出塞》

前年斩楼兰，去岁平月支。——唐·岑参《北庭西郊候封大夫受降回军献上》

明敕星驰封宝剑，辞君一夜取楼兰。——唐·王昌龄《从军行七首》

骨都魂已散，楼兰首复传。——唐·虞羽客《结客少年场行》

自然来月窟，何用刺楼兰。——唐·张九龄《送赵都护赴安西》

汉家征戍客，年岁在楼兰。——唐·郑愔《塞外三首》

丈夫志业，当使列云台，擒颉利，斩楼兰，雪耻歼狂虏。——宋·曹冠《蓦山溪》

要斩楼兰三尺剑，遗恨琵琶旧语。——宋·张元干《贺新郎·寄李伯纪丞相》

男儿斩却楼兰首，闲品茶经拜羽仙。——宋·文天祥《太白楼》

反复吟哦，令人热血沸腾，树边陲建功之志，叹壮志未酬之悲！

楼兰不是凡俗地，自古文人立业处！书与剑，血与火，黄沙漫漫，给足了边塞诗歌刚健挺拔的想象！

楼兰的诗歌，诗歌里的楼兰，一样的魅力无边。

楼兰公主今何在

楼兰，这个半掩纱面的美人，神秘、迷人而魂绕梦牵。

她的一举一动、一颦一笑，都深深牵动着探险者的心。

1934 年 5 月，一支探险队在楼兰库姆河边扎下营地。在他们沿这条河流进入沙漠前，领队贝格曼临时给它起了一个名字——小河。

当年罗布人奥尔得克曾经在这里发现一座有一千口棺材的小山，那是谁也不知道的古迹。按奥尔得克指定的方向，应该就在"小河"这里。但渡过库姆河之后，贝格曼发现，这里就如同一个巨大的迷魂阵。贝格曼发现他们在原地打转，走了一上午来到的竟然是昨天曾经来过的地方——一个小湖湾。

经历了无数的磨难，就在大家要放弃的时候，小河墓地跃入了眼帘。

船型的棺椁被岁月的砂石层层掩埋，又在这个特定的时刻显露出来，等待有缘人来观瞻。考察队挑选出最美丽的一只，用利刃开启，紧绷在棺木上的牛皮断裂的声音沉闷而有力，像从幽深的海水里传出的某种震响，那是历史从近四千年前走来的脚步声啊。

神秘的楼兰，美丽的"小河公主"，跨越几千年，再次与人相会。

贝格曼在日记中这样记载：高贵的衣着，中间分缝的黑色长发上戴着一顶装饰有红色带子的尖顶毡帽，双目微合，好像刚刚入睡一般，漂亮的鹰钩鼻、微张的薄唇与露出的牙齿，为后人留下一个永恒的微笑。

有人说，在这个世界上，有两个最为神秘的微笑：一个是"蒙娜丽莎"的微笑；另一个是"小河公主"的微笑。

但是"小河公主"在惊世一现后，就又沉入沙漠。从此之后再也没有人能够找到她。

小河公主的发掘过程非常曲折离奇，跨度长达七十多年。考古学家在寻找小河公主的过程中，无意间发现了楼兰美女。这个楼兰美女，年龄约45岁，带着尖顶毡帽，帽子上还插带着羽毛，棕色头发，高鼻梁。

楼兰美女一经出土，便震动全世界。

她45岁左右，生前身高1.55米，血型为O型。出土时，她仰卧在一座典型风蚀沙质土台中，墓穴顶部覆盖树枝、芦苇、侧置羊角、草篓……她身着粗质毛织物和羊皮，足蹬粗线缝制的毛皮靴。发长一尺有余，呈黄棕色，卷压在尖顶毡帽内，帽插数支翎，肤色红褐色富有弹性，眼大窝深，鼻梁高而窄，下巴尖翘……

——这是1980年中国考古工作者穆舜英发现楼兰美女时的情景描述。

两位楼兰美女的横空出世，似乎给几千年后的楼兰迷们无限的想象空间，无数美丽动人的传说跨越千山万水，来到了神秘的西域，美丽的楼兰。

身着白衣的王子，身材伟岸，骑着汗血白马，挽着他心爱的公主，策马西行。

公主细碎的棕色长发覆盖住她光洁的额头，白皙的脸颊两旁分别长着一只尖尖长长的耳朵，碧绿深邃的眼眸，高挺的鼻子，漾着令人目眩的笑容。

后来，一曲《我的楼兰》，千年柔情蜜意，无限的怅惘失落，在空旷的沙漠上空回荡！生亦何欢，死亦何惧，人生命运，泰然处之。

我的楼兰

作词：苏柳 作曲：刀郎

想问沙漠借那一根曲线

缝件披风为你御寒

用肺腑去触摸你的灵魂

我就在那个火炉边取暖

想问姻缘借那一根红线

深埋生命血脉相连

用丝绸去润泽你的肌肤

我就在那个怀抱里缠绵

你总是随手把银簪插在太阳上面

万道光芒蓬松着你长发的波澜

我闻着芬芳跋涉着无限远

只为看清你的容颜

你总不小心把倩影靠在月亮上面

万顷月光舞动着你优美的梦幻

我闻着芬芳跋涉着无限远

只为看清你的容颜

谁与美人共浴沙河互为一天地

谁与美人共枕夕阳长醉两千年

从未说出我是你的尘埃

但你却是我的楼兰

想问姻缘借那一根红线

深埋生命血脉相连

用丝绸去润泽你的肌肤

我就在那个怀抱里缠绵

你总是随手把银簪插在太阳上面

万道光芒蓬松着你长发的波澜

我闻着芬芳跋涉着无限远

只为看清你的容颜

你总不小心把倩影靠在月亮上面

万顷月光舞动着你优美的梦幻

我闻着芬芳跋涉着无限远

只为看清你的容颜

谁与美人共浴沙河互为一天地

谁与美人共枕夕阳长醉两千年

从未说出我是你的尘埃

但你却是我的楼兰

1980 年，一批中国考古人员进入罗布泊，发现了闻名于世的楼兰美女古尸；可就在这一年的 6 月 17 日，领队彭加木在罗布泊神秘失踪。

新疆军区派出地面部队以及飞机进行搜寻。在接下来的一个多月里，地面搜索和天空搜索同时进行，飞机以离地 30 米的高度飞行，连地面上跑的兔子都能看见，却找不到彭加木。

更离奇的是，在 16 年后的同一天，曾经征服"世界第三极"的著名探险家余纯顺离奇失踪。当队友找到他的遗体时，他赤身裸体，高举手臂，左腿弯曲，侧卧在帐篷中，头部朝向出生地上海！更奇怪的是，一年后，拍摄纪录片的记者到达墓地祭奠他，却发现墓已被盗。

余纯顺与队友说的最后一句话是："如果这次穿越不成功，那是天亡我也！"

另外，把楼兰文明重现到这个世界的斯文·赫定和斯坦因，有一个共同的地方，都是著作等身、终身未婚。

这给原本就波诡云谲、扑朔迷离的楼兰又罩上了神秘的光环。

神秘而美丽的楼兰公主如大漠的溪流，渐行渐远渐无穷！可期待在，梦想在，千年前的那缕断弦依旧被人续弹。

楼兰古城消失之谜

古丝绸之路，现在已经被漫漫黄沙埋没了！很多繁华的国家消失在黄沙之中，在这些消失的西域小国中，楼兰古国最牵动人心！

历史上的楼兰古国创造过无与伦比的辉煌，也留下了大量未解之谜，吸引着一代又一代的人。

作为古丝绸之路上一个繁荣文明的小国，楼兰一度十分昌盛。它西南通且末、精绝、拘弥、于阗，北通车师，西北通焉耆，东当白龙堆，通敦煌，是扼丝绸之路的要冲。

可就在公元 5 世纪后，这个繁荣的国家却神秘消失了。

大约一个世纪之前，楼兰古国又再次神秘地出现在人们的视野中，如同它的消失一般突然。

楼兰文明一公布，天下为之惊叹！世界上大批探险家、专家、学者纷纷前往，探索楼兰之谜。

一个王国为何会一夜之间消失？楼兰文明究竟发展到什么程度？为何罗布泊地区频现谜团？

当年的楼兰人在浩渺的罗布泊边筑造了 10 多万平方米的楼兰古城，而湖面达 12000 平方公里的罗布泊直至 1972 年最终干涸。是什么原因导致曾经水丰鱼肥的罗布泊变成茫茫沙漠？又是什么原因导致当年丝绸之路的要冲——楼兰古城变成了人迹罕至的沙漠戈壁？

这些谜团，百年来经过历史学者的推演，汇总起来，无外乎以下几种原因。

谜底之一：楼兰消失于生态的恶化。

当年楼兰人在罗布泊边筑造古城，他们砍伐掉许多树木和芦苇，这无疑会对环境产生副作用。楼兰人的生产和生活活动的加剧，使原本脆弱的生态环境进一步恶化。5 号小河墓地上密植的树桩说明，楼兰人当时已感觉到部落生存危机，只好祈祷保佑其子孙繁衍下去。但他们大量砍伐本已稀少的树木，使当地已经恶化的环境雪上加霜。

上游河水被截断后改道，人们不得不离开楼兰。据《水经注》记载，东汉以后，楼兰严重缺水。敦煌的索勒率兵 1000 人来到楼兰，又召集鄯善、焉耆、龟兹三国兵士 3000 人，不分昼夜横断注滨河引水进入楼兰，缓解了楼兰缺水的危机。但是，这只是权宜之计，并不能修复已经失衡的生态。

楼兰曾颁布过迄今为止发现的世界上最早的环境保护法律："凡砍伐一棵活树者罚马一匹，伐小树者罚牛一头，砍倒树苗者罚羊两只。"可是，这已经太晚了！当人们意识到要生存下去必须保护生态环境时，大自然已经失去了耐心，沙漠吞没楼兰的脚步已经无法停下了。

谜底之二：楼兰毁于战争。

楼兰是军事要冲，兵家必争之地，中西互动交流的必经之地！考古发现了不同人种的墓葬。在楼兰的建国历史中，与外族征战不断，有可能在征服者占领楼兰后，对当地人进行了种族灭绝。在他们撤离后，楼兰就变成了一座死城。

关于战争毁灭论有三种说法，一种说法是被北魏大将万度归所灭，第二种说法是被兴起的丁零族所灭，第三种说法是被兴起的柔然族所灭。

第四章　楼兰古国——一块紧张的世界史的纪念碑

谜底之三：丝绸之路的改道是重要原因。

魏晋南北朝时期，丝绸之路不断发展，主要有西北丝绸之路（又叫绿洲丝绸之路或沙漠丝绸之路），经过哈密（伊吾）、吐鲁番的丝绸之路北道开通后，经过楼兰的丝绸之路沙漠古道被废弃。楼兰国本是一个沙漠小城，没有了丝绸之路带来的财富支撑，这里就成了一片人迹罕至的浩瀚荒漠，除了枯死的胡杨、奇特的雅丹地貌、连绵的沙丘和肆虐的沙尘暴，再也找不到生命的踪迹。

谜底之四：楼兰毁于生物入侵带来的瘟疫疾病。

因为自然环境受到破坏，楼兰国产生了瘟疫，而这种从两河流域传入的蝼蛄昆虫，能以楼兰地区的白膏泥土为食。它们成群结队地进入居民屋中，肆无忌惮地传播着瘟疫，使得病的人越来越多。

这是一种可怕的急性传染病，传说中的说法叫"热窝子病"，一病一村子，一死一家子。在巨大的灾难面前，楼兰人选择了逃亡。

谜底之五：楼兰由于中亚游牧民族入侵而毁灭。

柔然，是四世纪后期至六世纪中叶，在蒙古草原上继匈奴、鲜卑等之后崛起的部落制汗国，最高统治部落。公元 5 世纪末，柔然在北魏打击下趋于衰落，敕勒部落的阿伏至罗率众十余万西迁。

柔然在车师前部建立高车国，高车国向南占领了通往西域的门户鄯善，楼兰人欲哭无泪，只好逃往他方。他们上路的时间，正赶上前所未有的大风沙，是一派埋天葬地的大阵势，天昏地暗，飞沙走石，声如厉鬼，一座城池在混浊模糊中轰然而散。

推理种种，分析种种，无论哪个原因，都离不开环境的恶化！一个楼兰人世代眷恋的家园，一个异常迷人的绿洲最终成为一座空城，成了被漫天的黄沙掩埋的废墟。

楼兰人曾和恶劣的自然环境斗争过，但终无回天之力，只好将这个美好的家园放弃。那么，这些楼兰人后来迁居到了什么地方？谁是他们的后代？

直到今天，这一切仍没有一个确切的说法，只能留给后来人来回答了！

湮没的楼兰遗址，就这样无声地沉睡在塔克拉玛干东部罗布泊附近的沙漠之中。它昔日的所有辉煌，已成为凝固的历史。无人知晓废弃的古城中保留了多少丰富的遗存，这成了古代丝路文明古国中的一个谜。

楼兰古国

· 楼兰古国于公元前176年建国，位于今新疆维吾尔自治区巴音郭楞蒙古自治州若羌县罗布泊西岸。公元630年神秘消失，共有800多年的历史。

· 楼兰古国，是古丝绸之路上的一个小国，位于罗布泊西部，处于西域的枢纽，王国的范围东起古阳关附近，西至尼雅古城，南至阿尔金山，北至哈密。在古代丝绸之路上占有极为重要的地位。

· 据《史记·大宛列传》和《汉书·西域传》记载，早在二世纪以前，楼兰就是西域一个著名的"城廓之国"。它东通敦煌，西北到焉耆、尉犁，西南到若羌、且末。古代"丝绸之路"的南、北两道从楼兰分道。

· 楼兰古国属西域三十六国之强国，与敦煌邻接，公元前后与汉朝关系密切。

· 汉时的楼兰国，有时成为匈奴的耳目，有时归附于汉，介于汉和匈奴两大势力之间，巧妙地维持着政治生命。由于楼兰地处汉与西域诸国交通要塞，汉不能越过这里打匈奴，匈奴不假借楼兰的力量也不能威胁汉王朝，汉和匈奴对楼兰都尽力实行怀柔政策。

· 中国史籍中最早关于楼兰王国的具体记载，见于《史记·大宛列传》。

第五章

　　苍山洱海，风花雪月，世外桃源般的大理国，优美、怡人而安定；国君不爱龙椅爱青灯，以儒治国，以佛治心，不在生命中妩媚，却在精神上璀璨——苍山以仁，洱海以智。

大理国——
飘扬着儒雅的佛号

赵匡胤的一句话成就了大理国

大理国，因为一个人，而刷足了存在感。

这个人就是金大侠，他的《射雕英雄传》《神雕侠侣》《天龙八部》中都出现过一个国家——大理国，尤其是他塑造了一位帅气、多情的大理国王子段誉，给读者留下了深刻印象，但是却有很多人怀疑大理国是否真的存在！

因为，宋、明、清这些朝代的史书中很少记载这个国家，元朝有攻打大理国，灭亡南宋的记载。

《天龙八部》中，段誉的创作原型确有其人，是大理国第十六位皇帝，文安帝段正淳之子段正严，又名段和誉，即段誉。那么，在真实历史中，大理国是一个什么样的国家呢？

不研究不知道，一查阅资料还着实被吓了一跳！大理国历史悠久，文化灿烂，是云南最早的文化发祥地之一。

四千多年前，就有先民在大理繁衍生息。秦汉之际，大理与内地的交往就极为密切。博望侯张骞从西域归来，就有大理相关通道的报告。汉朝在这里设置了隶属益州郡的行政机构。隋唐时期，大理区域就非常繁荣，一度成为云南的政治、经济、文化中心。

后来在大唐的帮助下，南诏统一了洱海地区，迁都太和城，经历 13 个君主的统治而逐渐衰弱。不过，大理段氏逐渐强大起来！

大理段氏兴起于唐天宝年间，先祖段俭魏非常神武，打败了进犯的唐兵，在南诏立下了赫赫军功，取得了丞相之位。

公元 938 年，段思平平定了其他部落，取代了南诏，建立了大理王朝。

"大理"一词源于南诏国第十一世王世隆的国号"大礼国"。"礼"与"理"谐音，为"大治大理，富国兴邦"的意思。

不过，大理国的建立时间要比北宋还早 23 年。但是，宋朝后来者居上，黄袍加身后的赵匡胤有统一天下之宏略，派大将王全斌等率军 6 万攻打后蜀，取得胜利后，谋士给赵匡胤呈上西南的地图，建议大军一鼓作气攻克大理。

据《续资治通鉴》记载，当时赵匡胤看了地图后，用玉斧画下大渡河以西的地方说："此外非吾所有也。"此后宋军果然未至云南，成全了大理段氏一脉数百载的江山。

这段历史的可靠性有待考证，但宋军没有攻打大理却是事实！国学大师陈寅恪是这么解释的："唐亡于黄巢，而祸基于桂林。"具体说来，晚唐花费极大的力量来维持西南边疆针对南诏的防御。因为对唐朝冲击力最大的不是北方的民族，而是南方的民族。南诏实力强大，而且善于结盟，两次击败唐朝的进攻，甚至一度围攻过成都，造成了唐朝国力的空虚，使得黄巢有机可乘。

宋太祖自然不会忽略这一历史教训，再加上西南民族强大的战斗力，自然不想再与大理国发生冲突。

不过，距离产生美！大理国对大宋是一往情深。大理国曾经积极地向北宋靠拢，愿意称臣受封！

据说北宋前前后后总共 11 次拒绝了大理国称臣乞封的请求，均以种种冠冕堂皇的说辞搪塞了过去，不说封，也不说不封，大理国也没有得到想要的名分。

到了宋徽宗时期，他终于松了口，高规格地接待大理使臣，原因很简单，大理国进献的贡物颇受宋徽宗喜爱。他一时兴起，正式下旨册封段和誉为"紫金光禄大夫、检校司空、云南节度使、上柱国、大理国王"。这是大理国300多年的历史上唯一一次受到宋朝的正式册封，唯一一次被大宋确认为藩属国。

大理国统治西南期间，各族人民与内地的经济文化联系更加紧密。畜牧业颇为发达，每年有数千匹马贩到广西。手工业很兴盛，冶铁业水平甚高，对外贸易发达，交通四通八达。内地先进的科学文化传入云南，对各族人民起了促进作用。大理国和缅甸、越南、马来亚、印度、波斯等国家都有贸易往来。

从938年段思平建立大理国算起，大理国共传了24个皇帝，存续300多年，算是存在相当长的国家了，最后被蒙古所灭。

开国皇帝段思平的传说

段思平，开创了西南地区的新的时代，建立了神秘而安定的大理国。他的一生注定不平凡。

《淮城夜语》中记载，段思平的母亲阿垣是大理喜洲院塝村人，后嫁给南诏清平官段宝隆，但一直没有身孕。后来"其母因过江，水泛而触浮木，若有感而娠，生思平"。(《南诏野史》)

"孕有奇遇""生有奇兆""相有奇貌"，这就是大理国开创者的奇人异象。

更有传说——他武功高强，创造了六脉神剑，是武林第一高手。"六脉神剑，并非真剑，是以一阳指的指力化作剑气，有质无形，可称无形气剑……"

传说归传说，可是在乱世中平定了战乱，建立了大理国，没有点实实在在的文韬武略是不可能的！

大理民间说段思平从小就很聪明。据说他两岁就能说会道，七岁就能写诗作文，能文能武。后来，家道衰落，生活清贫，很小的时候就自谋生路。

由于段思平武艺超群，才干出众，最初被升为幕览，后来积功升至通海节度使，成为统辖一方的大将。

这样有才干的地方官，身逢乱世，自然会为人妒忌！果不其然，段思平被后来篡位的杨干贞陷害追杀，只好连夜逃往北方，在品甸驻足修整，勤学苦练武术。

品甸的七年，是最为神奇的七年。民间有很多传说，段思平在波大村农民家里得到"神戟"，在祥云叶镜湖得"神骥"，又去"借兵东方黑爨"。传说是艺术化的表达，实际上可以这样说：这七年是段思平积蓄力量非常重要的阶段。

传说段思平在行军过程中做了三个奇怪的梦——"人无首，玉瓶无耳，镜破"，醒来大为惊奇，于是请军师董伽罗解梦。军师一听，连连称好，把段思平弄得一头雾水。董伽罗不紧不慢地说："公为丈夫，夫字去头为'天'字，为天子兆也；玉瓶缺耳，是玉字旁缺一点，即'王'字，为王之兆也；镜中有影，如人有敌，镜破无影，这是无敌之兆。"

董伽罗又说："杨干贞暴虐无道，天怒民怨，神仙对你暗中相助，是助你为主的意思。你不应辜负天意民心啊！"

从此，段思平开始招兵买马，加紧操练，准备来日征讨杨干贞。

当时的西南地区，风云激荡，南诏政权已经走向末路，先后被郑买嗣的"大长和国"、赵善政的"大天兴国"和杨干贞的"大义宁国"取代。政权的更迭，免不了杀戮，弄得民不聊生，怨声载道。

时代呼唤一位伟人出现，来拯救水深火热中的民众！这时，段思平就被推到了历史的前台。

一代开国帝王，文韬武略自不可少。他首先提出了切中时弊，具有很大鼓动力量的口号——"减尔税粮半，宽尔徭役三载"，反映了正在重税繁役下的各阶层人民的呼声，赢得了他们的热烈响应和支持。

接着，他联络了其他白族大姓，暗中联系滇东三十七部，向滇东黑爨等三十七部借兵，共同抗击杨氏政权。

当然，段思平更厉害的一点是发动人民群众，让杨干贞的政权不得人心，转而支持自己。据说，当时流传"凡牧牛、牧马，鸡鸣犬吠等处皆云段思平将为王"。

最后，段思平率军一举推翻杨干贞统治正是瓜熟蒂落的必然结果。

不过，段思平受到群众的爱戴，并不仅仅因为其武功高强，也绝非骑上神马执着神戟打下了天下，关键是他具有治理天下的能力，让大理民众获得了安定的生活环境。

一代雄主段思平，首先理顺了南诏统治时期遗留下来的阶级关系和民族关系，肯定了扶持他立国的新兴的白族封建主们的经济和政治地位，封官的封官，发财的发财。

其次，他把真正的实惠还给老百姓。对于洱海地区的白族和彝族百姓，认可他们原来使用的土地，并减轻税粮负担，宽免徭役三年。

而对于"凡有罪无子孙者"的奴隶，则一律"赦免"，并加以释放。同时解除他们在南诏时期的奴隶身份，免除奴隶性质的徭役。

公元939年，段思平在鸡足山遇到了已经出家的杨干贞，得知其法号"大悔"，并日夜忏悔之前的罪孽，于是赦免其罪。

一代枭雄段思平，拥有传奇的身世，如同神一般的存在。直至如今，大理一些村落的本主庙以及白王庙里，仍供奉着段思平像，白族群众三天两头就会去磕头烧香，请求保佑。

大理国的皇帝为何爱出家

苍山洱海，风花雪月，世外桃源般的大理国，优美、怡人而安定；国君不爱龙椅爱青灯，以儒治国，以佛治心，不在生命中妩媚，却在精神上璀璨——苍山以仁；洱海以智。

金庸先生把"大理段氏"带进普通读者的视野，不仅仅是"一阳指"和"六脉神剑"那震古烁今的绝技，还有着大理国的佛缘，带给我们传统文化的浸润，以及一丝困惑。

有人做了统计，大理国的历代帝王中，有十位出家的皇帝，除段思英是被叔叔段思良伙同相国董迦罗废除，最后被迫出家的以外，其余九位都是自愿落发出家的。

大理王朝出家为僧的皇帝有：

第 2 代王段思英 / 第 8 代王段素隆

第 9 代王段素贞 / 第 11 代王段思廉

第 13 代王段寿辉 / 第 14 代王段正明

第 15 代王段正淳 / 第 16 代王段正严（和誉）

第 17 代王段正兴（易长）/ 第 20 代王段智祥

为什么大理国有这么多皇帝放弃众人梦寐以求的权利和财富，愿意去念经吃斋呢？

熟悉大理国历史的人知道，大理脱胎于南诏国，而南诏国本来就是一个佛国，当地民俗讲究"家无贫富皆有佛堂，少长手不释念珠"。在这里，儒家的教条与佛教的道义几乎融而为一。儒生无不崇奉佛法，佛家的师僧也都诵读儒书，而且任用师僧为官。师僧也可以通过科举考试取得政治地位。大理国有多名国王禅位为僧。可以说，大理国是以儒治国，以佛治心。

段思平建大理国，其中的种种传奇，也与佛教直接或者间接相关。从大理国的第一任帝王开始，就大修庙宇，臣民皆信佛，户户供养观音菩萨。

具体分析一下这十位帝王出家的缘由，不外乎三种：

其一，自觉自悟出了罪愆，以出家来洗刷。

佛国信众，会从宗教的角度来解释一些社会现象。当国家有灾难的时候，百姓们都觉得一定是帝王孽障缠身，只有出家这一条路才能消解这场灾难。

当然，作为大理国的帝王们，也脱离不了这个认知，以佛知佛念来化解社会的矛盾。

国家有火有难，帝王第一个醒悟，最好的做法就是出家。这样才能保证国家的长治久安，百姓们才能过上更好的生活。

其二，真正看破，一心向佛。

帝王的日子也非凡人所想象的那么快乐，也有烦忧缠身；一些帝王佛心顿生，对自己所掌握的政权感到非常失望，心灰意冷便产生了遁入空门的念想，这种情况也不是不存在。那个被视为风流皇帝的段正淳，就是佛教徒。他在现实中处处受到牵制，处处碰壁，有很多的想法又无法实现，而且遥遥无望，不如看破红尘，与佛结缘，求得一个清静。

其三，苟且偷生，乐得逍遥。

这里不得不说一说人见人爱的段誉了，也就是第十六代的皇帝段正严。父亲出家之后，一大摊子事情全都留给他了。

应该说段正严还是一位非常有抱负的帝王，励精图治，勤政爱民，十分同情社会底层百姓的痛苦。他以仁慈治国，减轻徭役赋税，大理境内的人民都十分拥护他。

可是，段正严励精图治四十年之久，究亦不能挽回万一。后期权臣高氏专横，诸子夺位激烈，为了避免一场腥风血雨，他主动退位出家，在青灯古佛中安享 30 年太平，一直活到 94 岁。

皇帝崇信佛教，全国兴盛。到后期，也是其国力衰弱直至被灭的因素之一。

大理国民谣曰："帝王出家，随臣一邦，嫔妃一串，素裹红妆。出家犹在家，举国敬菩萨，早晚拜大士，禅室如世家。"

《南诏野史》记载："好佛，岁岁建寺，铸佛万尊。"

大理国，被一代代段氏皇帝打造成了妙香佛国，演绎出佛缘传奇，在和平时代，自然无上精妙。

可是，当蒙古的铁蹄踏破大理国的宁静的佛国生活，段家皇帝再来历兵秣马，保家卫国，哪里还来得及！

如今，大理的苍山洱海中间，矗立着三座白塔，那就是当年大理国历代皇帝出家的崇圣寺所在。历经千年历史，古刹无存，斯人已逝，唯独三塔似乎在提醒人们铭记那段历史。

风流皇帝段正淳并不风流

金大侠的笔下，段正淳可谓风流，才貌双全，地位尊贵，武功了得。

他长得帅："一张国字脸，神态威猛，浓眉大眼，肃然有王者之相。"他有才气：风流倜傥，温文儒雅，讲话水平很高，还擅长写作诗词。他地位无比尊贵：大理国皇帝，一国之君。

艺术化的段正淳是一个矛盾体，不能以好与坏来定性！他虽然秉性风流，用情不专，但当他和每一个女子热恋之际，却也是一片至诚，恨不得将自己的心掏出来，将肉割下来给了对方。

段正淳的为人处世很值得称赞。他生性豪爽，在江湖中结交了很多好友，而且为朋友两肋插刀。就连一些结交不深的武林人士，都能够慷慨相助。

不过，令人大跌眼镜的是，历史上的段正淳是一个标准的"妻管严"，有文字为证。

《大理古佚书钞》一书中录有段正淳写给老婆高升洁的《赞妻文》："国有巾帼，家有娇妻。夫不如妻，亦大好事。妻叫东走莫朝西，朝东甜言蜜语，朝西比武赛诗。丈夫天生不才，难与红妆娇妻比高低。"

如此拍妻子马屁看妻子脸色的人，怎么有胆量外出风流呢？

何况，段正淳的妻子可不简单，是大理国中的才女，擅长奇门术数，家事国事一把抓。

更重要的是，高升洁是权臣高升泰的妹子。

高升泰那可是大理国响当当的人物啊，文武双全，官至国相，封鄯阐侯。后来，高升泰竟然废黜了自己一手扶持的皇帝段正明，自立为帝，改年号上治，改大理国国号为"大中"。只是到了 1096 年，高升泰临终前，良心大发现，还政于段正淳。

江山，怎么能说还就还啊！这里面肯定有个权力平衡问题。高家人也不是吃素的，高升泰是何等人物，自然有所警醒。他在临终前频频忠告儿子，要将皇位还给段家，并且告诫高氏子孙不得再学他称帝，要缓和与段氏以及抵抗权势的矛盾。

事实上，此时的高家势力庞大，已掌控了朝政大权，身居相位或皇位对高家只是身份、名分的问题，在权力上并没有发生实质的改变。

高氏家族也明白，自己的帝位是篡来的，名不正则言不顺！不如退而求其次，效法武则天还位李家，以相国的身份控制朝政，以谋求和支持段氏者的合作，名分不过是权力的形式，实质利益才是最重要的。

自然，看护江山的担子就落到高升洁的肩膀上了。

段正淳就是在这种情形下走上帝位的，哪有什么实权？他对老婆又敬又怕，还敢拈花惹草？

不难推测，名义上的皇帝是段正淳，实际掌权者应该是高升洁！

如此分析看来，段正淳的才华颜值再怎么高，也没有胆子外出花天酒地啊。风流皇帝或许也只是江湖传说。

忽必烈为何要千里奔袭大理国

南宋偏安江南一隅，凭着长江天堑，与蒙古铁骑周旋。

进攻南宋受挫，为了实现攻灭南宋的战略，大汗蒙哥采纳其弟忽必烈建策，决定避开宋军主要防线，进兵大理国，借西南人力物力，形成迂回攻宋之势。

其实，早在成吉思汗伐金时期，举军投降的郭宝玉在回答成吉思汗提出的"取中原之策"的问题时，就献计说："西南诸蕃，勇悍可用，宜先取之，藉以图金，必得志焉。"

这是一个非常大胆的战略构想，因为，西南不仅仅路途遥远，而且坎坷不平，少数民族众多，战斗力非常强大。

更重要的是，还要通过吐蕃部落所控制的草地雪山、大渡河、金沙江等自然条件复杂的地区，以及由南宋军队控制的川边地带。这的确是一条"出没不测"，"从古所未有"的行军路线。

然而，剽悍的蒙古骑兵没有畏惧，认定了战略的可行性之后，于1252年，蒙古大汗蒙哥令其弟忽必烈、大将兀良哈台共同出征位于云南的大理国。

按理说，大理国的军队战斗力还是比较强大的，偏安西南300多年，没有一点狠劲如何在蛮荒之地生存？可是此时，居于西南三百余年的大理国段氏，经历了多次的政权更迭，社会动荡，再加上国君段兴智孱弱，名义上是皇帝，实际上由大臣高泰祥专权，架空了段氏江山，内部矛盾重重，实力已经大不如前。

蒙古大军长驱直入，尤其是吞并了吐蕃之后，大理国内也人心浮动，一部分有远见卓识的大理精英阶层，带领家族开始南下迁移。他们从云南地区沿着各条江河，向东南亚地区迁移，有的到达了缅甸，有的到达了泰国，还有的到达了老挝和越南。这样下来，导致大理国内更加空虚，人力不继，国内百姓更是人心惶惶。

当时的蒙古军队作战勇猛，剽悍而霸道：首先遣使递国书，命令你投降；如果你投降了，蒙古人会很敬重你，封你的首领为属国国王；如果你不投降，被蒙古人打下来后，蒙古人不但会杀掉你的首领，还会屠城。

在这样的情况下，大理人怎能不担忧？真是打也不是，不打也不是！

大理皇帝段兴智开始还表现出了应有的气度，不但没有投降，还积极备战，依靠点苍山和洱海，给了蒙古军沉重的打击。

可是，大理国力衰微，坚持下去很难。蒙古大军也很聪明，并没有正面攻击，而是绕过大理坚固的防御工事，偷袭并拿下了大理都城。

按理说，蒙古军队攻陷了顽抗的大理国，应该屠城才对。可是，这次算是意外，不但没有屠城，更没有杀害大理国的国君，而是把当时的皇帝段兴智，送回蒙古本土做了一番思想工作。大汗蒙哥不但没有为难段兴智，而且还封他为大理总管，又把他送回大理。

蒙古这次攻打大理的目的不是要灭掉大理，而是要利用大理来稳定西南地区。汉唐以来，此地的政权都没有停止折腾，就算是受到中原地区的控制，他们也会经常反叛，外地势力似乎很难控制住大理。蒙古攻占此地其实对自身的实力增长没有什么帮助，宽恕段氏是为了让他们忠诚于自己，代替统治云南也是不错的选择。

当然，更重要的还是为了牵制、合围南宋，在战略上压制南宋，取得更大的优势，为之后灭亡南宋做铺垫。

此外，蒙古的做法还与一个人有关。征讨大理的蒙古主将是忽必烈，他懂汉语，也懂儒家思想。他明白蒙古人可以骑在马上打天下，但是不能治天下。他逐渐采取汉族礼法，反对大肆屠杀，希望能够以"仁义"征服敌人的心。忽必烈率军攻下大理后，立刻手书几十个"止杀"的牌子，让传令兵举着全城传信，阻止蒙古人抢劫和屠城。

这些举措，改变了大理百姓对蒙古军队的印象，俘获了大理的民心。当段兴智回归大理之后，立刻向蒙古献上地图，表示臣服。而且还提出了"治民立赋之法"，有效地维护了大理的秩序。

当然，蒙古军队攻打大理，也付出了惨痛的代价，随征的十万大军，最后北返的仅剩两万人。

忽必烈后续感慨："昔从太祖（成吉思汗）饮水黑河（班朱尼河）者，至今泽及其子若孙。其从征大理者，亦朕之黑河也，安可不录其劳？"

随军出征的刘秉忠曾经赋诗曰：

天王号令迅如雷，百里长城四合围。
龙尾关前儿作戏，虎贲阵上象惊威。
开疆弧矢无人敌，空壁蛮首何处归？
南诏江山皆我有，新民日月再光辉。

现在看来，远征大理是一次伟大的战略调整，也是中国战争史上一次著名的远征。忽必烈充分发挥蒙古骑兵的特长，挥军直驱数千里，沿途招抚吐蕃首领、喇嘛，迂回攻占大理国，出奇制胜。

这次取胜使得蒙古帝国在西南拥有一片国土，"衣被皇朝，同于方夏"，加强了云南各民族与蒙古、汉等民族的联系，客观上促进了多民族统一国家的发展壮大，更重要的是对南宋形成了战略性迂回包抄，为后来蒙古帝国灭亡南宋创造了有利的条件。

大理国

· 大理国（937—1094年，1096—1253年）是中国历史上在西南一带建立的多民族政权。

· 大明七年（937年），后晋通海节度使段思平联合洱海地区贵族高方、董伽罗灭大义宁国，定都羊苴咩城（今云南大理），国号"大理"，史称"前理"。

· 公元1095年，宰相高升泰篡位，改国号"大中"，翌年薨逝归政段正淳，史称"后理"。

· 公元1253年，大理国被大蒙古国所灭，原大理国君段兴智被任命为大理世袭总管。

· 元世祖至元七年（1270年），元朝在大理原境置云南行省，加强了中国对西南边陲的统治。

· 大理和中原一样，尊奉孔子，崇尚儒家文化。大理王室自认为是汉人后裔，所以汉文化得到进一步推广，比南诏时期更进了一步。

· 佛教在南诏时传入云南，至大理时盛行。儒家的教条与佛教的道义几乎融而为一。

儒生无不崇奉佛法，佛家的师僧也都诵读儒书。

· 大理国基本沿袭以儒治国，以佛治心，多位国王都曾先后禅位为僧。

第六章

先秦时代，百越之地就有先民在此劳作生息。后来，一支被战争驱使的江南族人从海路来到闽地，他们带来了先进的农耕文明，与土著民族交融发展，进行了中华民族史上的第一次"南南合作，促进了闽越族文化的形成。可是，也是因为战争，古老的闽越文明消失在历史长河里。近些年的考古发掘，使闽越国的文化魅力逐渐显现出来。

闽越国——打出来的『南南合作』

一场战争创造出一个民族

春秋后期，楚国、吴国、越国在东南展开了长达几十年的争霸，成为春秋后期历史舞台的主角。

越国主要以绍兴禹王陵为中心。先是吴越争霸中越国胜出，势力范围一度北达齐鲁，东濒东海，西达今皖淮、赣鄱，雄踞东南。

但是，胜出的越国被胜利冲昏了头脑，越王无疆北上伐齐，妄图争霸中原，后又听信小人谗言，鬼使神差地掉头攻楚。

螳螂捕蝉，黄雀在后。楚威王早有灭越之心，就是找不到借口，他曾派大臣昭滑到越国去调查了5年，现在越国送上门来，岂不快哉！于是，楚威王借机领军进攻越国，大败越军，杀死无疆，把原来吴国一直到浙江（钱塘江）的土地全部攻下。后来，楚国又联合齐国，最终灭亡了越国，设江东为郡。

越国自然是树倒猢狲散了，可因为无疆王根本没有料到自己会遭遇不测，就没有安排继承人，由此内讧不断，分崩离析，各宗族子弟们争权夺利，各自为政。

《八闽通志·地理·长乐县》记载道："越山王：在上十一都，高一里，周围三十一里。越王勾践七世孙无疆，与楚战不利，子弟或为王，或为君，散居南海上，此其一也。"

其中两支越国的族人继续向东南进发，无疆王的长子玉在福建地区建立闽越国，次子蹄在越国核心地区浙江建国东瓯。

《春秋集览》记载："越人居闽地，故并称闽越地。"

闽越国就这么有了源头，勾践的后代无诸王实力很强，逐渐占领了福建及周边地区，各方面条件成熟后，称王建国，与当地的闽族大融合，逐渐形成实力强大的闽越族。

唐代史学家司马贞的《史记索隐》记载："勾践之裔，是曰无诸。既席汉宠，实因秦余。驺、骆为姓，闽中是居。"

在将近一个世纪的岁月中，闽越人民既保持了福建远古文化中的风俗习惯、宗教观念等，又在政治、经济、文化、艺术等方面效法中原内地，从而创造出灿烂一时的闽越古国文化。

越族人从本土带了很多先进的生产技术，尤其是铁制的农具开始在闽越地区流行，大大提升了生产力！当时，铁制的农具有镬、耒、锄，工具有斧、锤、凿、锯、刀、削、铁环、铁条，兵器有长、短铁矛和刀，等等。

质地坚硬、造型美观且富有地方特色的陶制品，如匏壶、双耳罐、双耳瓶、敛口钵等各种生活器皿，也十分流行。

无诸王时代，闽越人民安居乐业，王公贵族经常在桑溪和九仙山等处欢聚宴饮。

这些早已消逝在历史长河中的古老文明，在武夷山闽越王城中得到提示。这座沉睡在地下两千多年的古城，保存得相当完整，也是武夷山世界文化遗产的重要组成部分。

想象一下，公元前 202 年的某一天，为了闽越国都城的选址，刚被册封为闽越王的无诸来到了武夷山城村。他指点江山，踌躇满志，无数臣民拥戴着他，先祖勾践的"卧薪尝胆""忍辱负重"不断地激荡着他的思绪，秦始皇、刘邦、项羽等英雄人物如过眼云烟……因为，无诸的先祖本身就是一位大大的英雄。

祖上的荣耀引领他谋划着未来的大业。他确定设都武夷山，寻遍山

第六章 闽越国——打出来的『南南合作』

中拜访魏王子骞等十三仙人，少不了一番卜筮、叩拜，还要举行祭祀仪式。随即迅速集聚起当时的能工巧匠和青壮年劳力，开始了轰轰烈烈的造城运动。

无诸在位期间，与中原政权保持和睦关系，积极吸收中原的科技文化，闽越的经济文化进一步发展。他仿效中原地区，在今福州市建都城冶城，"闽之有城从此始"。

由于无诸创建了闽越王城，开辟了闽疆，闽越国国力强大起来，立稳在东南，闽越族也就成为百越地区一个实力强大的民族。

勾践的后人在闽越之地做了什么

闽越国是福建地区历史上地方政权割据时间最长且国力最为强盛的诸侯国之一。

司马迁在《史记·东越列传》中有相关记载："汉五年，复立无诸为闽越王，王闽中故地，都东冶。"

这里所说的"东冶"，就在现在的武夷山地区。

无诸王为何设都在武夷山呢？

或许，是武夷山的风景吸引了他，"寻得桃花好避秦，桃红又是一年春"，美丽的世外桃源，安定祥和，无诸王真的厌倦了战争的纷扰，于是给自己，也是给子民选定了一个安稳的栖息之所。

勾践的后代既有能征善战的一面，也有懂得生活的一面。作为王者，需要在铁血中磨砺意志，但是王者也是人，需要凡俗的生活来慰藉劳顿的心灵！

无诸王是一个懂得享受生活的人，江山稳固了，他要把风景秀丽的武夷山水，当作闽越王城的"皇家花园"！

当然，武夷山脉地处天险，是军事要地，进可迅速发兵出界，防可据险而守，退可沿崇阳溪直下闽江出海。这里从古至今就是福建经江西进入中原的交通要道，陆路水路通畅，在地域交往上与大汉及各郡县便于联系。

其实，武夷山地处闽浙赣交界，闽越王宫殿设在武夷山城村，正处在不偏不倚的中心位置，各个民族在此活动交流，促进了东南地区民族的大融合。

闽越国强大的奥秘就是民族融合，让越人和闽人很好地融合在一起。无诸作为一个越人，他来到了闽人地盘，就要兼顾越族和闽族的利益，这样"闽"和"越"才会拥护他，也正是有这样的发展策略，才打拼出一个"闽越国"。

正是无诸王兼容并包的战略，使闽人很快融入越人。他引导闽越两族婚姻相通，文化相融，技艺相授；拓山地、扩耕田、种粮草、修道路、筑水坝、制兵器、造船只……

不论是"闽人"，还是"越人"，都是在建设同一个国家，各显其能，各出智慧，生产力得到了极大的释放！在无诸王开明的统治下，闽越国的经济得到迅速发展，建筑业、纺织业、造船业、制陶业、交通业……样样都兴盛起来了！

尤其是造船业。《淮南子》曰："胡人便于马，越人便于舟。"《汉书·严助传》也记载东南越族是一个"习于水斗，便于用舟"的民族。

闽越人擅长造船，精通航海术，水战经验丰富。他们可以划船从平潭到马来西亚。目前在国外一些沿海地区的考古挖掘，发现闽越人甚至将足迹扩大到了整个亚洲和部分欧洲。

后世学者认为，福建海洋文明的兴起，也和闽越王有关系。亚洲沿海最重要的古时节庆——开洋节和谢洋节，都是源自闽越族文化。

一个强大的闽越国伫立在东南大地上！

闽越族为何弃秦助汉

闽越国的建立，是与大汉的支持分不开的！

刘邦建立汉朝后，分封天下。因为无诸王的功劳，被分封为闽越王。

按理说，秦始皇统一天下后，派大军进攻越地，降服了闽越；那么，闽越国就应该是秦朝的属国，听命于秦朝，怎么会背信弃义，帮助刘邦反秦呢？

《淮南子·人间训》记载：

秦皇挟录图，见其传曰："亡秦者，胡也。"因发卒五十万，使蒙公、杨翁子将，筑修城。西属流沙，北击辽水，东结朝鲜，中国内郡挽车而饷之。又利越之犀角、象齿、翡翠、珠玑，乃使尉屠睢发卒五十万，为五军，一军塞镡城之岭，一军守九疑之塞，一军处番禺之都，一军守南野之界，一军结余干之水。三年不解甲驰弩，使临禄无以转饷。又以卒凿渠而通粮道，以与越人战，杀西呕君译吁宋。而越人皆入丛薄中，与禽兽处，莫肯为秦虏。相置桀骏以为将，而夜攻秦人，大破之。杀尉屠睢，伏尸流血数十万，乃发谪戍以备之。

这段文字比较详细地记录了秦始皇的南进战略，他从一统六国直至死亡都没有放松边关的防守。他把南北一统的思想贯彻到了每一位秦军士兵心中，因为在他的心中一直有一个伟大的帝国梦。

然而百越之地，自然环境恶劣，再加上北方军队水土不服等原因，使得秦军在越地付出了极其惨重的代价。

在经历了四五年残酷的战争后，终于在公元前214年，以秦军任嚣、赵佗彻底征服岭南百越部落的胜利而宣告结束。

取得胜利后，秦始皇对闽越地区进行政权调整，将闽越国降格为闽中郡，废无诸"闽越王"，降为"郡长"。

不过，或许因为路途遥远的原因，秦朝并未直接派遣守、尉、令、长等各级官员，这里仍然由无诸来统治。这片辖区十分广大，包括现在的福建全境，浙江南部，江西东部，广东潮汕地区。

但是，秦朝取消了无诸的王号，自然令无诸不快。这种不快，也是后来他公开反秦的重要原因。

导火线自然是陈胜、吴广反秦起义，无诸以"秦夺其地，使其社稷不得血食"为由，举起了反秦旗帜。

陈胜、吴广起义失败后，进入了楚汉争霸期，无诸自然要面临一个选择问题，站在哪一边呢？

刘邦率领军队攻克咸阳，"与父老约法三章耳：杀人者死；伤人及盗抵罪"。秦王子婴出降，秦朝灭亡。随之项羽亦率军入关，杀子婴，焚咸阳，自立为西楚霸王，把持向诸侯发布命令的大权。

一个怀柔待敌，一个杀气腾腾，无诸自然会心中掂量。

关键一点是，项羽在分封十八诸侯王的时候，认为无诸是越国后代，自己是楚国后代，楚越为世仇，因此，没有封无诸为王。无诸自认战功卓著，对封王一事非常不满，这实际上是把闽越国推到刘邦那一边了。

楚、汉战争爆发后，无诸率领自己的军队辅助刘邦，攻击项羽；闽越军队"以剽悍称"，作战非常勇猛，为汉朝的建立立下了汗马功劳。

汉高祖五年（前202年），刘邦消灭项羽后，登基称帝，建立西汉政权，被称为汉高祖。汉高祖称帝后，重新立无诸为闽越王，统治原先闽中之地。无诸在现今福州市的冶山之麓筑城建都，称为"冶城"。

无诸高大威猛，勇猛无比，治军治国均为一流，再加上地处偏远，也不干涉大汉朝廷之事，与朝中之人也无太多勾连，所以，刘邦没有将无诸看作影响大汉政权的敌人。

当然，无诸也是个聪明人，领了刘邦的封赏后，也就不再过问军国大事，常常在武夷山中大摆宴席，与民同乐，夜夜笙歌，把酒寻欢，"觥筹交错杂箫笙""今宵一醉何时醒""幔亭彩屋云锦张""流霞天酒百花香"，一派歌舞升平的欢庆景象。

这些举措也让刘邦对无诸王彻底放心，闽越国的王也能得以善终。在八位异姓王中，仅有两位得以善终，无诸就是其中之一。

闽越王城缘何成为福建的一张文化名片

闽越王无诸受封后，专心发展经济文化，选择在武夷山一带建造自己的都城。

《三山志》载："闽越王故城，今府治北二百五步。"

《三山纪略》云："冶山者，古冶铸之地，闽越王都于其前麓。"

《闽都记》云："将军山一名冶山，在贡院西南，闽越故城。"

古文献中对闽越国的建都多有报道，但是，历史上，闽越王国都城究竟在哪里，各界争论不一。

按照文献记载，冶城依山置垒，据将军山、欧冶池，称为形胜。《史记·东越列传》留下一句"都东冶"，可这个"东冶"在哪里，并不容易找到！因为，闽越国被汉武帝剪灭后，毁城迁徙，断代了两千多年！

对于冶山地下的考古发掘均也未见踪迹，因此学者对冶城修建与否还存有争议，但对欧冶池北及鼓屏路一带均为闽越宫殿遗址，则确认无疑。根据历史发现，冶山当年四面环水，成为天然屏障，所以建城作为防御的必要性不够充分。

中国社会科学院考古研究所黄展岳先生认为：闽越国的冶都（东冶）在今福州北郊新店镇古城村，战国末闽越王无诸创建。汉初复立时亦在此地。福州市区浮仓山、屏山、冶山和牛头山一带发现的汉代建筑遗迹应是东越王馀善营建的宫殿区。新店古城、浮仓山、屏山至牛头山一带均属冶城范围。汉武帝令越繇王丑与东越王馀善"并处"，应解释为并处东冶，非分处两地。从考古发现的遗迹遗物看，越繇王丑、居股居新店古城，东越王馀善居新开辟的宫殿区。馀善败亡后，宫殿区被汉兵焚毁。

很幸运的是，二十世纪八十年代，经过无数考古学家的不懈努力，终于考证出了闽越王城遗址面积约 14.3 平方公里。在遗址中发掘出了一座宫殿遗址，这座高胡坪宫殿建筑群尽显王者气派和王者奢华，有中央主殿、侧殿、前院、四周厢房、主殿配房、浴池、后院等。主殿地基中密布柱础，东西八柱，南北七柱。大殿东边是一个精美的水池，据说是当时的宫廷浴池。

在屏山菜市场工地出土的"龙凤呈祥万岁"和"万岁未央"瓦当，是东越王馀善大修宫殿"刻武帝玺自立"的造反证据。瓦当行文"自左向右"，反映了汉初闽越国晚期的书法特征。

最令专家们兴奋是一块全国最大的空心砖，泥质橙黄陶，正面模印两条绶带串联四块玉璧形主体纹饰，边框以菱形纹作辅助装饰。

这里还出土了先进的铁制农具，其中一件硕大的铧犁重达 15 公斤，必须要三头牛才能拉动耕作。

更神奇的是宫殿浴池的池底用花纹砖铺砌，一组回型供水陶制管道经考证为供暖设施，这在全国的汉代遗址中绝无仅有，成为千古之谜。

这些考古发现，展示了闽越文化的物质基础，开启了揭示闽越文化之谜的大门，为全面了解和研究闽越国的社会历史文化，特别是福建古代史提供了丰富的实物资料。

此外，遗址出土的还有品种繁多的陶器，有酿酒的瓮、缸、提桶、大器，有炊具用品鼎、釜、甑，有生活用品灯、香薰、三足盘等，足见闽越人社会生活的丰富多彩。

有兴趣的话，可以去闽越王城景区，会看到一个用沙盘复原的城址模型，仔细观瞻能感受到这座王城的规模、形状和建筑分布。以河为壕堑，以山为屏，易守难攻，固若金汤。

王城中有许多大型的宫殿建筑，其外观、建筑设计和布局等，都与秦时的咸阳、汉时的长安宫殿建筑非常类似，不过独具匠心的闽越人并没有全部照搬中原建筑，他们让这座王城融入了当地的特色，如正殿的南方"干栏式"建筑风格。这种建筑下部采用木柱支撑，其上架梁，整体建筑呈现"半悬空"的状态，既起到防潮作用，还能避免蛇虫侵扰。

如此灿烂的古文明，自然不会被世界遗忘！武夷山被列入世界自然和文化遗产名录，位于武夷山城村的闽越王城赫然写在文化遗产的内容中。

联合国世界遗产委员会协调员亨利·克利文说："闽越王城是环太平洋海岸区域保存完整的中古时期大型王城遗址，是中国古代南方城市的典型代表。"

虽然对于闽越国的冶城在哪里，学术界一直争论不休，但是，闽越国创造的古文明是不能抹杀的。闽越王城的重现于世，不仅仅为武夷山的申遗成功添加了浓重的一笔，更是成为福建地区一张悠久文化的名片！

可惜，这张灿烂的名片，毁在大汉天子汉武帝的铁蹄之下，被熊熊大火烧成了灰烬。

汉武大帝为何要剪灭闽越族

汉初，闽越国反秦助汉与反楚助汉，连连战争，国力衰弱，需要时间来休养生息，没有与中央政权争斗的资本。

更重要的是闽越王无诸受恩于刘邦，始终与汉中央政府保持一致。但是，到了汉武帝时期，闽越国实力增强，情况就大不一样了。

为了笼络与束缚闽越国，汉朝像对待其他少数民族一样，对闽越国也实行羁縻统治。什么是羁縻政策？《史记·司马相如传·索隐》解释说："羁，马络头也；縻，牛靷也。"可以引申为笼络控制，是一种承认当地头目，封以王侯，纳入朝廷管理的政策。

为何对闽越国采取羁縻政策，主要是两方面原因：一方面，闽越地区地势偏僻，交通阻塞，多山多雾，"东南瘴疠多妖"，治理成本很高，治理难度极大，往往得不偿失；另一方面，闽越地区与汉地风俗习惯不同，中央王朝很难实行编户齐民式的治理。

但是，羁縻政策有个特点，遇到了强硬的少数民族首领，就会滋事扰乱王朝统治。

无诸王死后，后任的闽越王想恢复越王勾践时期越国的盛势，便逐渐对周围的其他地方用兵，吞并了很多地区。这些小动作逐渐引起了中央王权的不满。

后来，汉朝南部很多诸侯国不安分，淮南王刘长谋反以及后来的吴、楚七国之乱，基本上都与闽越国明里暗里的支持有关。当时刘长和刘濞都曾派遣使臣到闽越国，而闽越国也都允诺出兵相助。很多谋反失败的王室成员，一般也会选择逃亡到闽越国。

汉武帝之前，汉朝政权可谓内忧外患，无暇顾及闽越国的这些小动作。但是，到汉武帝时期，"京师之钱累百巨万，贯朽而不可校，太仓之粟陈陈相冈，充溢露积于外，腐败而不可食"。雄厚的经济基础，让汉武帝有了足够的财力实行大一统的伟业。

汉武帝在解决了诸侯国问题之后，派卫青、霍去病对匈奴进行的三次重大打击，基本解除了匈奴在北边的军事威胁。

这样，在既无内忧又无外患的情况下，汉武帝终于腾出手来，要解决帝国周边口服心不服的王国了。

闽越王馀善统治闽越国二十多年，国力的确大增，野心膨胀。但是，与强大的中央政权比较起来，还是小巫见大巫！

馀善的自我膨胀，首先表现在不把大汉王朝放在眼里，不听号令，停止进贡，甚至私刻玉玺，东征西伐，狂妄到想当皇帝的地步。

最愚蠢的是南越叛乱，汉武帝出大兵讨伐，馀善主动请旨从海路派兵8000帮助汉军作战，但是刚出兵不久，就以海上风浪太大为由而逗留不进。汉廷因此认为东越王馀善反复无常，甚至怀疑其与南越勾结。

闽越国这些年来的做法，让汉武帝下定决心进行征讨。

强大的汉武帝派出四路大军征服闽越国后，实行残忍政策：闽越王城的城池宫殿，烧了；闽越军队的残兵败将，杀了；闽越族青壮年流放至江淮一带。在历史长河中，闽越国"兴也匆匆、亡也匆匆"，从此彻底消失了。

《史记·东越列传》有记载："天子曰：东越狭多阻，闽越悍，数反复。诏军吏皆将其民徙处江淮间，东越地遂虚。"

无所畏惧的汉武帝终有惧怕的东西，他不畏苍生畏鬼神。汉武帝将武夷山列入封禅之册，派特使来到武夷山慢亭祀"武夷君用乾鱼"。

彩虹桥飞架，皇太姥、魏王子骞等仙人落座，武夷山民簇拥跪下，歌师彭令昭高歌《人间可哀曲》，其曲曰：

天上人间兮会合疏稀，

日落西山兮夕鸟归飞。

百年一瞬兮志与愿违，

天官咫尺兮恨不相随。

对于闽越国这段百年历史，司马迁作了中肯的评价：

越虽蛮夷，其先岂尝有大功德于民哉，何其久也！历数代常为君王，勾践一称伯。然馀善至大逆，灭国迁众，其先苗裔繇王居股等犹尚封为万户侯，由此知越世世为公侯矣。盖禹之余烈也。

勾践之裔，是曰无诸。既席汉宠，实因秦余。驺、骆为姓，闽中是居。王摇之立，爰处东隅。后嗣不道，自相诛锄。

闽越国

· 闽越，属古百越部落的一支，该国是战国时期被楚国大败的越国人在逃到福建粤东时，与福建、粤东的原住民七闽共同建立的一个国家。

· 闽越国的存在时间，大致在公元前334年至公元前214年及公元前202年至公元前110年。尤其是公元前202年之后的六七十年之间，闽越国国力达到鼎盛。

· 闽越立国后，大兴冶炼业，推广铁器具，发展生产，从而提高了社会生产力，促进闽越经济实力的迅速增长。

· 越王无疆伐楚失败，由于无疆死前未明确指定越王位继承人，于是诸子们纷纷争立，长子玉在福建地区建立闽越国，次子蹄在越国核心地区浙江建国东瓯。

· 秦朝统一天下后，闽越王无诸降为君长，将其管辖之地设置为闽中郡。到了秦朝末年，无诸率领闽中士卒挥师北上，协助诸侯灭秦，还帮助刘邦打败了项羽。

· 公元前202年，刘邦重新立无诸为闽越国王，无诸在位时，与汉朝往来密切。可无诸死后，子孙发生内讧，起兵汉朝，被汉武帝派兵征讨剿灭，城池宫殿全部被毁。

第七章

　　一个国家因为一匹马而被历史记住，唯有大宛国！而这个国家也因为一匹马而惹怒了一代雄主，一场万里奔袭的战争，因为一匹马而展开与结束。这匹马的雄风成了大汉天子的精神寄托，代表勇气和力量，蕴涵理想和幻想。

大宛国——一匹神奇马的铁血悲歌

一个国家一匹马的传说

一个国家因为一匹马而被历史记住，唯有大宛国！

大宛国出现在人们的视野，当然是与一个人分不开的，他就是出使西域的大汉使者张骞。

汉武帝派张骞出使西域，主要的目的是为了联合大月氏夹击匈奴，可是西域路途艰难险阻，刚到河西走廊一带，他就被匈奴扣押了。还好，匈奴单于摄于大汉的天威，只是软禁了张骞。

度过漫长的 11 年之后，匈奴放松了看管，张骞乘机逃了出来。张骞想想自己的任务还没有完成，就决定继续西行寻找大月氏，可是大月氏没有找到，却阴差阳错来到了大宛国。

大宛国早就听闻汉朝富饶，只是苦于山高路远，一直未能遣使前往访问，见到汉使张骞到来，大宛王自然是盛情款待。

张骞表明了来意，当时的大宛国王当即保证款待几日后，派人护送张骞前往康居国。

张骞也领了情，正好休整一下，也借此机会了解大宛国的风土人情，回去好向汉武帝汇报。

据他后来的汇报可知，大宛有城郭房屋，归它管辖的大小城镇有七十多座，民众有几十万。大宛的兵器是弓和矛，人们骑马射箭。

当地的风俗是定居一处，耕种田地，种稻子和麦子，出产葡萄酒。更重要的是，大宛盛产好马，马出汗带血，传说它的祖先是天马。所以，汗血宝马还有另外一个名字——天马。

这就是传说中的"汗血宝马"！"汗血"顾名思义：汗血宝马在奔跑时会流下鲜红的汗水。试想汗血马在夕阳下飞驰，如鲜红的绸缎洒脱飘逸，状若惊鸿，形若游龙！

汗血宝马是怎么来到大宛国的呢？

《汉书·武帝纪》记载："四年春，贰师将军广利斩大宛王首，获汗血马来。"当时有人问："如果皇上问及马名，如何作答？"一位随从说："这些马是我大汉士兵的汗血换来的，就叫汗血马吧！"

另外，还有一个美丽而动人的传说。

据说，一位爱马如命的商人，在茫茫大漠中迷了路，牵着自己心爱的马艰难地行进着。因为迷失了方向，他带的水已经快要耗尽了。

旅人面对着无边无际的沙漠，双脚踩着黄沙，内心涌起了悲壮，泪水不由自主地流了出来。

大漠中没有水，意味着什么？旅人心里十分清楚！

嘴唇早已经干裂得像枯树皮，旅人满身的疲惫，最后的举动就是举起了随身携带的弯刀。

他的伙伴，他心爱的马儿很快就明白过来，主动伸长了脖子。

赤日照耀下，刀划出一道美丽的光弧，鲜血飞溅了出来，旅人的手腕顿时涌出一抹红：要拯救自己的爱马，它比自己的性命还要重要！

在旅人的微笑的期待中，马终于舔了舔主人的手腕，仰头一阵悲嘶。

接着，马示意让主人骑上来。等到主人坐稳之后，它就像着了魔似的开始狂奔。旅人惊异地发现，爱马遒劲的身躯上，渗出了一片血色的汗珠。

传说毕竟是传说，现实中的汗血宝马为何会出血呢？

这是因为汗血宝马的皮肤较薄，奔跑时，血液在血管中流动容易被看到；另外，马的肩部和颈部汗腺发达，马出汗时往往先潮后湿，对于枣红色或栗色毛的马，出汗后局部颜色会显得更加鲜艳，给人以"流血"的错觉。

汗血宝马通常体高1.5米左右，体型饱满优美、头细颈高、四肢修长、皮薄毛细，步伐轻灵优雅、体形纤细优美，再衬以弯曲高昂的颈部，勾画出它完美的身形曲线。

这种马非常耐渴，即使在高温下，一天也只需饮一次水，因此特别适合长途跋涉，据说能够"日行千里，夜行八百"。

在我国的文化语境里，汗血宝马代表着勇气和力量，蕴含着人们的理想和幻想，被人们称之为"龙之友"和"龙之媒"，有"马化为龙"的说法。

在《西游记》中，龙王的儿子还化为一匹白龙马，驮着唐僧西天取经。龙是中国人的图腾，是中华民族的象征。

汗血宝马如此神奇，自然有不少文人墨客赋诗填词。诗仙李白以《天马歌》赞曰：

天马来出月支窟，背为虎文龙翼骨。
嘶青云，振绿发，兰筋权奇走灭没。
腾昆仑，历西极，四足无一蹶。
鸡鸣刷燕晡秣越，神行电迈蹑慌惚。
天马呼，飞龙趋，目明长庚臆双凫。
尾如流星首渴乌，口喷红光汗沟朱。
曾陪时龙蹑天衢，羁金络月照皇都。
逸气棱棱凌九区，白璧如山谁敢沽。
回头笑紫燕，但觉尔辈愚。
天马奔，恋君轩，骏跃惊矫浮云翻。
万里足踟蹰，遥瞻阊阖门。

不逢寒风子，谁采逸景孙。

白云在青天，丘陵远崔嵬。

盐车上峻坂，倒行逆施长日晚。

伯乐翦拂中道遗，少尽其力老弃之。

愿逢田子方，恻然为我悲。

虽有玉山禾，不能疗苦饥。

严霜五月凋桂枝，伏枥衔冤摧两眉。

请君赎献穆天子，犹堪弄影舞瑶池。

宋代名臣司马光也以《天马歌》为题，写诗赞美道：

大宛汗血古共知，青海龙种骨更奇。

网丝旧画昔尝见，不意人间今见之。

 ## 一匹马缘何迷倒了大汉天子

南阳新野有一个叫暴利长的人，因犯罪被流放到敦煌屯田。一次偶然的机会，他发现一群野马，其中有一匹长得神异非凡，常到这里来饮水。

暴利长算是一个懂马的人，一看就知道这不是普通的马，便想方设法将此马捕捉到了。再经过一段时间的驯服后，他通过层层关节，将马献给了汉武帝。

汉武帝是何等人物，雄才大略，曾以《易》书卜问，得到兆示：

"神马当从西北来。"汗血宝马的神俊挺拔让汉武帝欣喜若狂，便赐名为"天马"。

此后，汉武帝与汗血宝马结缘，发生了不少的故事。首先是以"天马"为咏叹对象，写了数首诗歌。诗歌是心灵之编织，没有深厚的情感，是写不出这么多咏叹文字的。

这里摘录三首欣赏：

天马歌（一）

太一贡兮天马下。

沾赤汗兮沫流赭。

骋容与兮跇万里。

今安匹兮龙为友。

汉武帝令司马相如等编制歌诗，按叶宫商，合成声律，号为乐府。

天马歌（二）

太一况，天马下，

沾赤汗，沫流赭，

志俶傥，精权奇，

荌浮云，晻上驰，

驱容与，逝万里。

今安匹？龙为友。

天马歌（三）

天马徕，从西极，涉流沙，九夷服。

天马徕，出泉水，虎脊两，化若鬼。

天马徕，历无草，径千里，循东道。

天马徕，执徐时，将摇举，谁与期？

天马徕，开远门，竦予身，逝昆仑。

天马徕，龙之媒，游阊阖，观玉台。

咏叹天马的事情，还差点惹出点麻烦！《史记·乐书》中有记载：

后伐大宛得千里马，马名蒲梢，次作以为歌。歌诗曰："天马来兮从西极，经万里兮归有德。承灵威兮降外国，涉流沙兮四夷服。"中尉汲黯进曰："凡王者作乐，上以承祖宗，下以化兆民。今陛下得马，诗以为歌，协于宗庙，先帝百姓岂能知其音邪？"上默然不说。丞相公孙弘曰："黯诽谤圣制，当族。"

不知道是看着天马的面子，还是因为汉武帝的心情不错，并没有认可公孙弘的说法，否则这就是一次政治迫害啊！

汉武帝对天马如此痴迷，想着一定要得到它！

于是，组建百人使团，让使臣带着千金和一匹黄金铸成的金马去大宛国换汗血宝马。

汉武帝为了换汗血宝马可以说是出价不低，即便现在来看，再宝贵的马也不值这个价钱。当然，主要是因为汉武帝不缺钱，为了得到自己喜欢的东西，花多少钱都是值得的。

大汉使团诚意满满，信心十足地来到大宛国，但是大宛国王却拒绝了大汉使团的要求，不愿意交换汗血宝马。

大宛国有自己的考量，不是什么东西都可以用金钱买到的，汗血宝马是大宛国的国宝，更重要的是大宛国强有力的军事武器，当然不愿意交与大汉。

汉朝使团见这样回去没法交代啊，就很生气，大概说了一些不好听

second第七章　大宛国——一匹神奇马的铁血悲歌

的话，甚至威胁几句也在情理之中。

这当然引起大宛国的仇恨，找了个机会，在汉使归途中杀人越货，而这一切都发生在大宛国境内。

这次外交事件，让汉武大帝大怒。

汉武帝两次派人出征大宛，数年的征战、数万士兵的生命、普天下的民脂民膏，就是为了一千匹他日思夜想的汗血宝马。

后世的考古学家在汉武帝茂陵的两个陪葬坑中，发掘出了 80 具成年马骨，有人猜测这极有可能就是历史文献记载的"汗血宝马"。

大宛国凭什么叫板大汉朝

大宛国究竟是什么来头？为什么可以让《史记》为之专门列传，大汉天子多次派人联络示好，甚至动用十万大军万里征讨？

大宛是中亚古国，位于帕米尔西麓，锡尔河中上游，是非常神秘的国家。它在当时相对遥远的西域，一开始还不为汉朝所知。

汉武帝执掌政权之后，决定平定西域。而西域最大的劲敌就是匈奴，把匈奴搞定，西域才能安定！基于这样的战略，汉武帝决定派遣使者联络西域其他被匈奴欺压的国家，一同夹击匈奴！

于是，便有了张骞出使西域。不过，张骞联盟大月氏并没有成功，却意外发现了大宛国。

《史记·大宛列传》有记载：

大宛在匈奴西南，在汉正西，去汉可万里。其俗土著，耕田，田稻麦。有蒲陶酒。多善马，马汗血，其先天马子也。有城郭屋室。其属邑大小七十余城，众可数十万。其兵弓矛骑射。其北则康居，西则大月氏，西南则大夏，东北则乌孙，东则扜罕、于阗。

《史记》的文字记载，让我们看到大宛国处于地理要冲，物产丰富，城池众多，军队战斗力强。

由相关资料可以了解到，当时大宛国有三十万人口，军队六万人，定居，有兴盛的农业，种植稻或小麦，大宛国都在"贵山城"，政府设副王、辅国王各一人。且境内有大小城市七十多座，城市房舍林立，外有城墙环绕。根据描叙，南方的大夏如同大宛一样，有许多城市散布，且当时大宛都城有内城和外城。

其实，大宛国的原始居民似以塞种人为主。敢于和汉武大帝叫板有一个重要原因，就是拥有类似希腊的城防体系。

古希腊的要塞一般建在山顶，并依山就势修建防御墙。防御城墙平均厚度 5 米，由重达十余吨的巨石建成。这种墙以密合的石块建成，不用灰泥，墙面平整。

当年亚历山大的部队从希腊半岛出发，侵入小亚细亚之后不断向东平推，一路上建立过无数个以"亚历山大"命名的城市，而大宛国的都城在中亚史籍里的译文正是"亚历山大里亚"。

后来的大夏最盛时，尤其在欧提德姆斯北征时，则占有了该地，并按希腊方式在各村镇修建坞堡。

所以，大宛国就是当地土著希腊化的产物。

当李广利带着为数不多的部队抵达大宛时，迎接他们的却是经过严密设计的希腊城防体系。大宛军几乎没有花费太大力气就击退了汉军，汉武帝的第一次西征就此落幕。

当然，大宛国敢于与大汉朝叫板还有一个重要原因，那就是汉宛之间相距一万余里，中间需要横穿整个塔克拉玛干沙漠，如此遥远的行军本身就是对后勤的一大挑战。

何况，大宛既然杀了汉朝的使团，早就以逸待劳做好了迎战汉朝大军的准备。

冲冠一怒为汗血宝马

有人说，是汉武帝霸道，以为钱能买到一切。

也有人认为，是大宛国不厚道，不交换也没有关系，但不能杀人越货，不讲道义。况且，这是两国之间的交往，它面对的是大汉王朝！

不论谁是谁非，事情已经发生了，箭在弦上不得不发。这是有辱国体的事情，以大汉天子的雄才大略，怎么能轻易放弃？这正是展示我大汉天威的绝好机会。

于是，大汉迅速调派军队，组建兵团，准备出征大宛国。

在派兵问题上，汉武帝有自己的思考。张骞回来报告，大宛国并不强大，大小也与楼兰差不多。而大将赵破奴曾经以七百人俘获楼兰王。汉武帝想，六千正规骑兵应该足够了。

汉武帝非常宠幸李夫人，爱屋及乌，为了讨李夫人的欢心，自然要提拔李家的人。李夫人有两个哥哥，一个叫李延年，他是一个音律大师，不能打仗，汉武帝就赐给他一个协律都尉的职位，相当于现在的文职少将。

李夫人还有一个哥哥叫李广利，没什么特长，可是总得找个理由封官啊！机会说来就来，出征大宛国非李广利莫属。

临行前，汉武帝封李广利为"贰师将军"，目的很明确，就是去取大宛国贰师城的汗血宝马。

因为是大国舅，汉武帝还特地给李广利选派了数万由罪犯组成的军团：打赢了免除一切罪过，打不赢就别回来了。

可是，贰师将军出征的运气并不好，正值关东发生罕见的大蝗灾，本想沿途征收军粮，这就自然大打折扣了！再加上沿途所路过的西域小国都很害怕，各自坚守城堡，不肯供给汉军食物。汉军只好一路打过去，等到达一个叫郁成的地方，所剩士兵不过十之一二，全都饥饿疲劳。这样下去，还怎么打大宛国！

于是，李广利派人上书朝廷："道远多乏食；且士卒不患战，患饥。人少，不足以拔宛。愿且罢兵，益发而复往。"

汉武大帝哪里能接受这样的结局，立刻雷霆震怒，派使者把他们阻止在玉门关，说军队中有敢进入玉门关的就杀头。贰师将军害怕了，于是就留在敦煌。

休整一段时间后，汉武帝再次命李广利率军远征。此时可谓给足了大舅爷的面子，带兵6万人，马3万匹，牛10万头，并派遣水利工匠随师，准备将大宛城外的河川改道，使大宛无水可用。

这一次，西域小国畏惧，壶浆箪食以迎，贰师将军的军队行军非常顺畅。先头部队到宛城者三万人，大宛军队迎击汉军，遭遇汉军射箭而大败。

大宛军的领袖看正面对抗很困难，就命令军队退入城池抵抗。城墙坚不可破，强行攻打根本不可能，因为带了水工，就采取断绝其水源的方式，把流进大宛城的水道改变了。没有水的大宛是支撑不了多少日子的。

就这样，李广利围城四十余日，俘虏了大宛勇将煎靡，并杀死大宛兵将无数。大宛贵族为了自保，最后被迫杀死大宛国王毋寡求和。获胜后的汉军选了良马数十匹、中等以下公母马三千匹带回大汉，并指定与大汉亲善的大宛贵族昧蔡为大宛国王。

这次任性的战争历时四年，为了所谓的汗血宝马，耗费了大量财力物力，死去士兵五万人，所得者不过是几十匹良马。多数士兵并非战死沙场，而是在回国途中受到非人虐待，命丧大漠。

不过，汉武帝还是很满意的，这一战可谓一箭三雕：一是取得了胜利，大汉的尊严保住了；二是讨好了李夫人，李广利被汉武帝封为海西侯，食邑八千户；三是得到自己梦寐以求的天马。

汉代学者刘向毫不留情地批评道："贰师将军李广利捐五万之师，靡亿万之费，经四年之劳，而仅获骏马三十匹，虽斩宛王之首，犹不足以复费，其私罪恶甚多。"

司马迁在《史记·大宛列传》中，也含蓄地表达了对汉武帝连年用兵和好大喜功的讥讽与感叹。

不管怎么说，汉武帝通过一系列的出使与战争，控制了河西走廊，加强了汉朝和中亚诸国之间的经济文化交流，对维护中国的统一和强大，还是做出了不小的贡献。

汗血宝马今何在

关于汗血宝马的传说太多了，而且大多具有神秘的色彩，据说汗血宝马可以日行千里，快如闪电。这些神秘的传说，也让不少人怀疑：汗血宝马是否真的存在？

自从汗血宝马被引进汉朝后，不仅满足了汉武帝的喜好，更是增强了汉朝军队的战斗力。

汗血宝马高大、纤细、勃发，汉军以之组建的奇军，非常灵活，战斗力非常强！用于战术突袭，令敌人闻风丧胆。

其实，汗血宝马是真实的存在，它的学名是阿哈尔捷金马，原产于大宛古国（现在土库曼斯坦所在地）。这种马头细颈高，四肢修长，皮薄毛细，步伐轻盈，力量大、速度快、耐力强。它现在是土库曼斯坦的国宝，土库曼斯坦将汗血宝马形象绘制在国徽和货币上。

经研究，近代出土的"马踏飞燕"就是东汉人民以汗血宝马为原型创作的。这匹马四蹄飞驰，脚踏龙雀，收颈嘶鸣，栩栩如生，是我国古代雕塑艺术之瑰宝。

还有昭陵六骏中的"什伐赤"也是一匹汗血宝马。它凌空飞奔，身上中了五箭，却依然驮着李世民往返射敌，惊险异常。唐太宗盛赞"瀍涧未静，斧钺申威，朱汗骋足，青旌凯归"。

汗血宝马有着超强的耐力和瞬间爆发力，据土库曼斯坦专家介绍，汗血宝马跑完 1000 米仅需 67 秒，曾有 84 天跑完 4300 公里的记录。

汗血宝马性子烈，精神饱满，属于热血马。热血马性格急躁，速度快，通常可作为赛马。

汗血宝马从汉朝进入中原王朝开始，一直到元朝，繁衍生息了上千年。但近代以来，史料中已很难见到汗血宝马的名字，汗血宝马在中国几近绝迹。

主要的原因是，汗血宝马虽然速度较快，但是它体形纤细，在古代冷兵器时代，大将骑马作战更愿意选择粗壮的马匹。更重要的，古代作战用的马匹多数被阉割，这使一些优秀的战马失去了繁殖后代的能力。

据说，当年汉武帝对于这些来之不易的战略性资源，曾下令给这些战马以最好的待遇，所有的马场都需要同时完成两项任务：其一是对马匹质量进行升级，其二是要继续完成原有的额定数量。

这是多么美好的愿望，可是不明实情的汉武帝不知道，他的这个命令使得马厂陷入了两难之境。前一个目标需要更多时间，培养遗传性比较稳定的种马群，这样就势必影响了后一个目标的完成进度。这种体制与客观规律的对抗，最终让数量有限的汗血宝马马种成了牺牲品。

此后，汗血宝马在史料上出现得越来越少。直至最后，屈指可数的汗血宝马开始脱离普通军队体系，沦为了名门贵族的座驾。除了装点门面，没有其他任何实际意义。

也难怪无数名将帝王爱此马。虽然汗血宝马尚存于世，科学界却对"汗血"缺乏统一解释，其主要原因是"宝马尚存，汗血不再"。即使是在土库曼斯坦，也难以找到还能"汗血"的宝马了。爱马懂马的人只能从前人的记载中窥其一二。

不过，也有学者持不同意见。中国农科院畜牧所马匹专家王铁权研究员认为："汗血宝马并没有消失，而是一直存在的。"他说："土库曼斯坦和俄罗斯现在还有上千匹汗血宝马，只不过在当地汗血宝马被称为阿哈马。"

现代汗血宝马的确非常少见，据统计，汗血宝马已经只剩几千匹，而且作为土库曼斯坦的国宝，一直是高危保护动物。

不过，幸运的是，作为土库曼斯坦送给最尊贵客人的"国礼"，两匹名叫阿赫达什和阿尔喀达葛的汗血宝马跨越迢迢山水，来到中国。这就是 2002 年与 2006 年，土库曼斯坦向中国赠送的两匹汗血宝马。

有了阿赫达什和阿尔喀达葛，汗血宝马就可以在中国续写传奇。

第七章 大宛国——一匹神奇马的铁血悲歌

大宛国

·大宛国位于帕米尔高原西麓，在匈奴西南，在汉朝正西面，离汉朝大约一万里，地处东西方陆路交通要地。

·汉武帝时，张骞出使西域，目的是联合大月氏夹击匈奴，后不知不觉来到了大宛。

·大宛国久闻汉朝富饶，因路途崎岖遥远，欲通不得，见汉使来到，表示欢迎。

·西汉时，归大宛管辖的大小城镇有70多座，全国人口有几十万。大宛人经常使用的兵器是弓和矛。

·西汉击败匈奴后，曾经因为索求大宛马的问题与大宛爆发了战争。汉朝将军李广利获得了胜利。

·东汉时，大宛一度臣服于莎车国。西晋太康六年，晋武帝封蓝庾为大宛王，蓝庾死后，其子即位，遣使向晋朝进贡。

·唐代，大宛被称为宁远国，或拔汗那。到了明清时候，大宛又被称为浩罕汗国。

第八章

匈奴国——马背上的铁血风云

匈奴，曾经的草原霸主，在北方地平线上不断扬起滚滚云尘。从"和亲"到"马踏匈奴"，从"封狼居胥"到"燕山勒石"，"匈奴不灭，何以家为"，激励了一代代报国杀敌的将士！"明犯强汉者，虽远必诛"，是汉朝将帅的出征宣言，铭刻在历朝历代保家卫国将士们的心里。

冒顿是从哪里冒出来的

匈奴是一个神奇的民族，长期生活在中国北方，随着季节迁徙。

这个民族是一个弯弓射雕、所向披靡的民族，一个兴盛百年、威慑四邻的民族，一个迅疾如风、来去无踪的民族……

可匈奴人来自哪里？源头倒是颇为神秘。

司马迁考证："匈奴，其先祖夏后氏之苗裔也，曰淳维。唐虞以上有山戎、猃狁、荤粥，居于北蛮，随畜牧而转移。"

王国维认为：商朝时的鬼方、混夷、獯鬻，周朝时的猃狁，春秋时的戎、狄，战国时的胡，都是后世所谓的匈奴。

这个兴起于公元前3世纪的游牧部族，直到一个人出现，才建立了草原的新规则。自此，杀戮成了草原的主旋律，分裂与统一，再分裂与再统一。

他就是一代草原枭雄——冒顿！一个以血的手段谋取王位，又自立为单于的霸主。

冒顿单于，生于何年，不详，但卒于公元前174年。他姓挛鞮氏，是匈奴族雄才大略的军事家、军事统帅，一个冷血而高傲的草原霸主！他又是如何一步步取得王位，首次统一北方草原，建立起庞大强盛的匈奴帝国的？

冒顿原为其父头曼单于的太子，后来头曼单于宠爱阏氏生的小儿子，头曼单于就想废除冒顿而立小儿子为太子。

于是，头曼单于想出了一招，把太子冒顿派到月氏去当人质。冒顿既已来到月氏当了人质，而头曼却急攻月氏，想激怒月氏杀了自己的儿子，可谓用心良苦。

可是，老天偏偏帮了冒顿，在月氏欲杀冒顿时，冒顿偷了月氏的良马，逃回了匈奴。

大难不死，必有后福！这一举措，让头曼看到冒顿的勇猛，是个难得的将才，就把骑兵的统领权给了大儿子。

可此时的冒顿，不再是以前的冒顿了，在他的心里已经埋下了仇恨的种子！

冒顿知道，要想成就大事，必须有一支听命于自己的团队，而且是绝对服从。

为了训练出一支无条件服从自己的部队，他发挥自己的聪明才智，制造了一种响箭——飞鸣镝。在训练部下骑马射箭的本领时，冒顿下令说："凡是我的响箭所射的目标，如果谁不跟着我全力去射击它，就斩首。"

首先，冒顿射猎鸟兽，有人不射响箭所射的目标，冒顿就把他们杀了。

接着，冒顿以响箭射击自己的爱马，左右之人有不敢射击的，冒顿立即杀了他们。

后来，冒顿又用响箭射击自己心爱的妻子，左右之人有感到恐惧，不敢射击的，冒顿又把他们杀了。

又过了些日子，冒顿出去打猎，用响箭射击单于的马，左右之人都跟着射。于是冒顿知道他左右的人都是可用的人。

然后，他跟随父亲头曼单于去打猎，用响箭射击头曼单于的头，他左右的人也都跟着把箭射向头曼单于，头曼当场身亡。

最后，冒顿竟然又把他的后母及弟弟还有不服从他的大臣全部杀死，

第八章　匈奴国——马背上的铁血风云

自立为单于。

有人写诗描述这一做法："冒顿单于飞鸣镝，三千劲矢射当途。岂因宝马伤大义？亲将阏氏侍凶屠。"

虽然取得了王位，可冒顿单于并不满足于此，他要得到更多。他要的是无限广阔的北方的江山！

当时，东胡强大兴盛，头曼单于在的时候，基本上不敢惹他们。

现在，东胡王乘匈奴内乱之时，遣使索要单于的千里马。群臣都说："千里马是匈奴的宝马，不要给。"冒顿为麻痹东胡，不顾群臣反对，将千里马送给东胡王。

而东胡王并不知道这只是冒顿暂时的忍让，竟然又提出索要单于的阏氏。冒顿的左右都非常愤怒，请求出兵攻打东胡。但冒顿仍满足了东胡王的要求，让东胡王认为他软弱可欺。

这样，东胡就放松了对匈奴的戒备。冒顿是聪明人，抓住难得的安定的机会，理顺国内的政治，扩充军备，厉兵秣马，使国力越来越强。

后来，东胡王又向冒顿索要一片荒凉的土地。冒顿和大臣们商量，有大臣觉得那片土地很荒凉，给了也没什么关系。冒顿勃然大怒，说："土地是国之根本，怎么可能轻易送给别国！"

在一个月黑风高的夜晚，冒顿单于率精锐之师突袭东胡。东胡猝不及防，东胡王被杀，其民众及畜产尽为匈奴所得。冒顿单于又乘胜西攻河西走廊雍州的月氏，迫其西徙。从而解除了两面威胁。

冒顿并没有见好就收，而是疯狂扩张，指挥着匈奴大军征服了楼兰、乌孙、呼揭等20余国，控制了西域大部分地区；向北则征服了浑窳、屈射、丁零、鬲昆、薪犁等国；向南兼并了楼烦（今山西省）及白羊河南王之辖地，重新占领了河套以南地区。

东尽辽河，南达长城，西越葱岭，北抵贝加尔湖的辽阔地域，都归匈奴控制，疆域前所未有地扩大，成为北方草原最强大的民族。

冒顿单于的雄才大略，对内贯彻"飞鸣镝"的思想，对外乘楚汉相争的有利时机，在五年之内就达到了强国强兵的目的，把一个逐水草而居的游牧部落，变成汉王朝的北方劲敌。

靠着杀戮高歌猛进的冒顿单于，的确英明神武，不然何以成为草原的新一任霸主？他不仅是匈奴的著名领袖，也是中国古代著名的政治家和军事家。

白登山之围围住了什么

一提到白登山之围，大家的第一印象往往是刘邦大败，最后不得不以"贿赂"钱财和美女的方式来结束战争，认为这是汉史上耻辱的一页。那么，历史的真相到底是什么呢？

冒顿单于统一了北方后，建立了强有力的匈奴政权，下一个目标当然是向南进发。

此时，南方经历了秦末起义与楚汉战争后，大汉政权建立。

两个新建的政权，两位不同地域的霸主，需要来证明谁是真正的强者。冒顿与刘邦在南北间隔线展开了厮杀。

按照刘邦的逻辑，胜算在他这边是确定无疑的。因为匈奴败于秦，而秦又败于汉，自然，匈奴最终也应该败于汉了！

可后来的现实并没有按这个逻辑发展，而是和汉朝开了一个不小的玩笑，最终是汉朝败于匈奴。

因为草原更换霸主，此单于非彼单于，冒顿横空出世了。冒顿统治的匈奴更加勇猛，而且善于运用计谋。

冒顿单于挥师南下，第一站就是韩王信的领地。

这个对手可不是淮阴侯韩信，而是韩王信。公元前 202 年（汉高祖五年），刘邦称帝，大封诸侯，封了异姓诸侯王七位，其中韩王信获封国于颍川一带，定都阳翟。阳翟地处中原腹地，刘邦认为韩王信的封地乃兵家必争的战略重地，担心他日后会构成威胁，便以防御匈奴为名，将韩王信的封地迁至太原郡。

可是，韩王信的实力哪里能与匈奴抗衡，总是败多胜少。汉高祖六年秋，冒顿单于亲率军队，以 10 万铁骑围攻马邑。

韩王信一面向汉朝求救，一面与冒顿通信希望求和。汉朝派人带兵前往援救，但又怀疑他多次私派使者到匈奴有背叛汉朝之心，派人责备了韩王信。

这一招并不高明，韩王信生性多疑，担心刘邦会对自己下手，干脆就跑到匈奴那边去了。更可恶的是，他领着匈奴一起攻打到了太原城下。

刘邦震怒，亲率三十万大军抗击匈奴。

刚开始，汉军占了优势，战事连连取胜。由于汉军接连胜利，产生了麻痹轻敌的思想。刘邦到达晋阳后，听说匈奴驻兵于代谷，于是先派人侦察冒顿虚实。

尽管匈奴与韩王信的联军出师不利，但是冒顿单于不急不躁，冷静地分析了敌我双方的优劣，觉得不能兵对兵将对将摆开阵势互相厮杀，这对自己不利，必须发挥自身机动灵活的特点打一场运动战，于是制定了"示弱诱敌——拉长敌军战线——优势兵力围歼敌军先头部队"的战略。

于是，他们给刘邦设置了这么一个大大的局，将自己精锐的士兵、肥壮的牛马等隐藏起来，只展示年老弱小的士兵和瘦弱的牲畜。刘邦派去的十余批使臣回来都说匈奴不堪一击。

刘邦又派刘敬去匈奴那边打探。刘敬回来后，对刘邦汇报了自己发现的疑点："两国交兵，这时该炫耀显示自己的长处才是。现在我去那里，只看到瘦弱的牲畜和老弱的士兵，这一定是故意显露自己的短处，而埋伏奇兵来争取胜利。我认为匈奴是不能攻打的。"

可是，此时汉朝的军队一路凯歌，已经越过了句注山。刘邦听了刘敬的话非常恼怒，觉得这纯粹是长对方的威风，灭自己的士气嘛！就骂刘敬道："齐国孬种！凭着两片嘴捞得官做，现在竟敢胡言乱语阻碍我的大军。"他命人用镣铐把刘敬拘禁起来押在广武县，准备凯旋后进行处罚。

刘邦统领几万轻骑先到达平城，此时汉朝大军还未完全赶到。冒顿单于在白登山设下埋伏。刘邦带领兵马一进入包围圈，冒顿单于马上指挥四十万匈奴大军，将刘邦的兵马围困在白登山。

这可是四十万彪悍的匈奴骑兵啊，将只有几万人的刘邦军队围得里三层、外三层，骏马来回地奔跑，尘土飞扬，场面极其壮观。

但是，汉朝的军队也并非吃素的，拿出了看家本领——善于防守。在尘土飞扬的里面是坚如磐石，汉军如同铁桶一般，匈奴军队无法攻破。

冒顿单于的骑兵可谓天下奇绝，东西南北，各色不同：东面是一色青马，西面的是一色白马，南面是一色红马，北面是一色黑马。那场面可真叫震撼啊！

但是，偏偏碰到了刘邦，不吃这一套，坚守不降！汉军以逸待劳，静心等待援兵。匈奴围困了七天七夜，也没有占到便宜。结果，双方的损失都很大，一直相持不下。

日子一天一天过去，匈奴人苦苦寻找却找不到汉军的漏洞，等待而来的却是汉军源源不断的救援部队。匈奴人也很苦恼，到嘴边的肉却无法吃下。

刘邦实在是支撑不下去了，便主动求和，冒顿单于也知道，困住刘邦也没什么意义，何况汉朝的援兵正在奔袭而来。

于是，冒顿单于就坡下驴，做了个顺水人情，双方达成协议后，开

第八章　匈奴国——马背上的铁血风云

111

了一个口子，放刘邦走。

这个协议，后来的研究者总结起来有五点：第一，双方以长城为界，彼此不得闯入对方领土；第二，汉朝定期与匈奴和亲；第三，汉朝每年赠送大量礼品，以换取匈奴不再侵扰边界；第四，汉朝与匈奴约为兄弟；第五，双方进行通关互市。

按照司马迁的说法，匈奴打仗就是为了利益："其长兵则弓矢，短兵则刀铤。利则进，不利则退，不羞遁走。苟利所在，不知礼义。"（《史记·匈奴列传》）

此次白登山之围，围出了汉王朝在立国之初的困境：内有异姓诸国，外有匈奴压境，可谓两难处境。

刘邦的失败，看起来是其轻敌冒进，但实际上是汉军不具有匈奴兵的机动性，在兵种问题上就处于劣势。更重要的是，刚刚经过楚汉战争而建立的汉王朝，经济尚未复苏，急需休养生息，一旦和匈奴长时间交战，只会让其陷入被动作战的僵局。

不过，冒顿单于也是聪明人，知道匈奴再强大也无法南下灭了汉朝，还是把自己的领地经营好。就这样，一个庞大的匈奴帝国真正崛起了。

和亲：民族的大义，美丽的哀伤

和亲政策，似乎是中国历史上难以意说的政治策略，争议也最多。"一去紫台连朔漠，独留青冢向黄昏。"一个弱女子，怎么能背负起民族与国家的政治重任呢？

可是，出塞的女子，不得不以自己的一己之躯，担当起两个对立民族停止战争，捐弃仇怨，转而建立和平、友好、亲睦关系的重任。

大汉与匈奴在和亲的路上，走出了别样的姿态。

首先说一个来自《汉书·匈奴传》，颇具黑色幽默的历史小插曲。

刘邦先于冒顿而去，冒顿以匈奴族特有的风格，向汉朝的皇后吕雉发了一封"婚书"：

孤偾之君，生于沮泽之中，长于平野牛马之城，数至边境，愿游中国。陛下独立，孤偾独居，两主不乐，无以自虞。愿以所有，易其所无！

略微有点血性的人，都能读出侮辱的味道。况乎大汉的臣子们呢？

当然，后来也有学者研究认为，冒顿向吕后求婚未必带有"侮辱"的意思，更有可能是依照匈奴风俗，主动向汉朝示好。

因为，匈奴有个习俗叫"收继婚"，"父死，妻其后母；兄弟死，皆取其妻妻之"。

但是，这是两国之间，何况言语如此轻佻，无论怎么解释，都是说不过去的。

若是后来的汉武帝，自然是要战场上见的，可当时是刚刚建国的西汉王朝，皇帝又刚刚换，吕雉还要平定异己，哪里还有精力去反击匈奴的羞辱。

吕后将计就计，不卑不亢地回给冒顿一封信，以"年老气衰，发齿堕落，行步失度"委婉地拒绝了匈奴的请求。而冒顿单于接信后，又派使者前来致歉说："未曾闻中国礼仪，陛下幸而赦之。"进而献上马匹，遂与汉朝和亲。

怎么办呢？打也不能打，又不能得罪，只好"和亲"了。

不管怎么说，初期的和亲，是大汉不得已采取的政策。这时候的汉朝可谓各业凋敝，百废待兴，国家甚至凑不齐一组同色马匹为皇室所用。由此看来，这时候的西汉虽然饱受匈奴犯边之苦却无力发动战争。

而到了汉文帝与汉武帝时期，则是汉朝统治者主动选择和亲政策。这时候的汉王朝刚刚步入发展的正轨，百业兴旺，更需要一个稳定的环境来维持这个大好局面。

再往后，汉武帝进行了三次远征让匈奴战力大损，甚至到了"漠南无王庭"的程度，让匈奴对汉王朝闻风丧胆。匈奴部落为了谋求生存，主动与汉王朝示好，请求和亲世代友好。

至此，和亲有了新的内涵，汉朝由被动变为主动。

那么，和亲主人公，到底由哪些女子来担当呢？研究表明，主要来源有以下几种：

第一种便是真公主，皇帝的女儿，皇帝为了让自己的统治更加稳固也会让自己的女儿前去和亲。

第二种是帝王的妹妹，帝王继位又需要和亲时可以让自己的妹妹前往。

第三种是亲王女、郡主。她们也可以作为和亲对象，在被选定后册封为公主前往和亲之地。

第四种是宗室女子，嫁入吐蕃的文成公主和嫁入南诏的安化公主便属于这一类。其余还有一些是宗室甥女、外戚女、功臣之女。她们都可以成为和亲的实践者，被册封为公主。

和亲，作为一种政策，无论是谁主动，带着何种目的，客观上对于和亲双方的民族发展，都会有帮助。

在经济方面，相关的互市等活动非常频繁，必然会促进官方贸易和双方经济的发展。

当然，出嫁公主在和亲过程中要带来先进的生产技术、生产工具和生产工匠以及农作物稻种、农业器具等，为北方少数民族的农业发展提供了条件。

来而不往非礼也，另外一方面，北方少数民族的畜牧经济又会回馈汉族政权，如养马技术和养马业等，丰富和充实了中原地区的经济。

在文化方面，和亲的影响是双向的，和亲公主带去的不仅是丰厚的财物，还有中原的文化影响。当然，中原王朝文化也受到北方民族文化的影响。譬如，在汉代的石刻艺术中，可以发现许多受到匈奴游牧生活题材和风格影响的石刻，如霍去病墓前的大型石刻群，就可以看到匈奴文化的影子。

以历史的视角来看和亲政策，总体上来说，还是有利于民族间的经济、文化交流，有利于民族间的融合。

但是，和亲政策不应该是民族外交的首选，很多情况下和亲包含着无奈与屈辱。

首先，对于和亲的女人是不公平的。她们远嫁他乡，背负着沉重的责任，在有着"非我族类，其心必异"思想的时代背景下，她们虽贵为公主，也要忍受异族的蔑视和猜忌。一旦和亲公主失去了首领的宠爱，期待中的效果将无法看到，甚至可能断送一个女子的一生。

其次，对于国家与民族而言，通过和亲来求得安稳，也是一种羞辱。一个强大的民族不应该牺牲女子来换取和平，这种状态到了汉武大帝的时候才真正得到扭转。

汉武帝执政是匈奴噩梦的开始

一代天子，成就大业，彪炳千古，往往自命不凡！

汉武大帝本为景帝第十个儿子，缘何被封为太子？

原来，刘彻之母王娡在怀孕时，汉景帝刘启尚为太子。王娡梦见太阳进入她的怀中，醒来告诉刘启后，刘启认为这是高贵的征兆。

不久，汉文帝刘恒驾崩，刘启继位为景帝。刘彻出生，为汉景帝第十子。

当时，汉景帝立栗姬所生的长子刘荣为皇太子，刘彻亦同时被封为胶东王。可是，刘彻之母王娡不是甘于平凡的人，经过一段漫长而曲折的操作，竟然让景帝疏远了栗姬，在公元前150年正月废刘荣为临江王。四月十七日，景帝立王娡为皇后；二十五日，七岁的刘彻被立为皇太子。

公元前141年正月十七日，刘彻行冠礼成年，十天后，景帝驾崩，刘彻坐上了帝位。

汉武帝从矛盾中走上皇位，自然要在斗争中保住皇位！外戚专权、宠臣专权、后宫干政等一系列的障碍搬掉后，他的雄才大略、文治武功才放射出万丈光芒，使汉朝成为当时世界上最强大的国家，他也因此成为中国历史上伟大的皇帝。

汉武帝注定不凡，其心中的战略均是前无古人！

刘彻最重要的战略目标是"灭胡"，即消除匈奴对汉朝的威胁。

汉武帝知道，要战胜匈奴，需要同盟者！当他知晓，大月氏与匈奴闹翻后，一个重要的战略在心中酝酿。建元年间，汉武帝派张骞出使西域，寻找迁徙到西域的大月氏，想要结成军事同盟，夹击匈奴。

其次，汉武帝要在内部统一思想，利用匈奴派人来汉朝要求和亲的契机，进行公开大讨论。朝中分为了两派，即以大行令王恢为首的主战派和以御史大夫韩安国为首的主和派。经过一番激烈的争论，刘彻坚定了主战的信念，只是觉得时机还没有到，需要再对匈奴韬光养晦一段时间。

再次，及时采取行动，支持主战派。公元前133年，主战派代表王恢向刘彻提出了马邑之谋，试图利诱匈奴单于入境，在马邑谷中设伏灭之。

刘彻大力支持王恢，可是，天意没有帮助大汉，计划因行动不周而没有成功，王恢下狱自杀。

此时，主和派又活跃起来。但刘彻并未对匈奴让步，而是一改以前的用人机制，不拘一格，唯才是举，大胆提拔人才，并量才任用。公元前106年，还特地颁求贤诏书，大力从民间提拔人才。在这样的背景下，卫青、霍去病走上了历史舞台！

对待匈奴，当然，只有以铁血来震慑！汉武大帝对匈奴发动了十几次战役，具有决定性的有三次。通过这三次决战，彻底击垮了匈奴，建立了大汉的威仪。

其一是河南战役。公元前128年秋天，匈奴王庭派出2万名匈奴军队攻击边关，而且接连胜利！汉武帝大为震怒，决定对匈奴实施报复。于公元前127年，派卫青等人率领骑兵四万，从云中出塞，然后向西迂回，对匈奴军队形成决战之势。这一仗抽掉了匈奴进犯中原的跳板，解除了其对长安的威胁，并为汉军建立了一个战略进攻的基地。

其二是河西战役。河西是河西走廊的简称，是内地至西域的通路，具有重要的战略地位。汉武帝为了打通通往西域的道路和巩固西部地区，决定展开河西之役，为此，公元前121年春天，组织强大的骑兵部队，派遣青年将领霍去病出征河西匈奴军。此次会战，给河西地区的匈奴军以歼灭性打击，使汉朝统治延伸到这一地区，打通了通往西域的道路，实现了"断匈奴右臂"的战略目标，为进一步大规模反击匈奴提供了可能。

其三是漠北战役。河西之战，重重地挫了匈奴的锐气！但是，匈奴人并未就此罢休，他们以为路途遥远，汉军不可能越过沙漠进行作战，于是又经常派兵在定襄一带继续对汉朝进行骚扰。

汉武帝哪里能忍受匈奴的挑衅，决定将计就计，匈奴以为不能做到的事情，偏偏就去做！大汉集中了精锐骑兵10万人，组成两大战略集团，分别由大将军卫青、骠骑将军霍去病统率，浩浩荡荡地向北进发。

大汉的军队威武，大破匈奴，匈奴远遁，汉军一直追击到瀚海，也就是今天俄罗斯的贝加尔湖。从此，"幕南无王庭"。

司马迁在《史记》中赞曰：汉兴五世，隆在建元，外攘夷狄，内修法度，封禅，改正朔，易服色。

班固在《汉书》中赞曰：孝武之世，图制匈奴，患者兼从西国，结党南羌，乃表河西，列四郡，开玉门，通四域，以断匈奴右臂，隔绝南羌、月氏。单于失援，由是远遁，而幕南无王庭。

除了史书的赞颂之外，后世也对汉武帝抗击匈奴的战略进行了总结：

其一，战前做足功课，进行充分的战争准备，做到了"胜兵先胜而后求战"。

其二，师夷长技以制夷，扬长避短，注重战术调整，运用骑兵战术，采取积极进攻的方针。

其三，机动出击，围点打援，各个击破。汉军远途奔袭，面对面对抗，难以战胜，需要切断匈奴各部之间的联系，分而击之，始终掌握着战争的主动权；以偏师牵制敌人，以主力重创敌人。

匈奴不灭，何以家为

"匈奴未灭，何以家为！"这句话，与一位少年猛将有关，他就是霍去病！

然而，这位彪炳千古的人物，却出身卑微。

其母卫少儿在平阳侯家做婢女，与一个来平阳侯府办事的小吏有了感情，生下了霍去病。这个小吏名叫霍仲孺，他却没有娶卫少儿，霍去病是以私生子的身份来到这个世界的。

然而，霍去病生为奴子，却是位卑未敢忘忧国！

他年少时有勇有谋，骑马射箭，样样精通。汉武帝很器重他，有心栽培，就让霍去病做了自己的近臣侍中。据说，汉武帝还曾想亲自教授霍去病兵法，但霍去病有自己的想法，觉得"顾方略何如耳，不至学古兵法"。

匈奴肆虐，需要将才！时代成就了霍去病！

武帝果然没有看走眼，第一次出征匈奴，霍去病就表现不凡。

第一次打仗，霍去病正当年少，十七岁便跟随舅舅卫青出征匈奴。但是，卫青并没有给这个外甥太多的照顾，仅仅给他配置了八百骑兵。可是，令所有人都感到惊异的是，霍去病就凭借这八百骑兵，斩敌两千余人，还俘虏了匈奴单于的叔父。

他首次出征就表现非凡，以"八百标兵奔北坡"之势打了大胜仗，后人总结为"长途奔袭遭遇战"。霍去病一战成名，不仅仅在军中树立了很高的威望，还被汉武帝封为"冠军侯"。

第二次出征，是在公元前121年，此时的霍去病不再是八百骑的一个小头领，而是骠骑大将军，率领一万骑兵，从陇西出发进攻匈奴。霍去病的兵马和匈奴接连打了六七天。最终的结果，是匈奴抵挡不住，向后败退。霍去病带兵越过燕支山，追了一千多里，最终大获全胜。

为了赏赐霍去病，汉武帝那是动足了脑筋，赐霍去病豪宅美女，加封霍去病食邑五千四百户。

但是，令人大跌眼镜的是，霍去病以一句"匈奴未灭，何以家为"严词拒绝了封赏。如此识大体的少年战将，怎能不让汉武帝和大臣们从内心里敬佩呢？

霍去病两次大败匈奴，控制河西地区，打开了通往西域的道路。匈奴人被打怕了，对其敬畏之极，称其为"苍狼"。

古往今来，多少人都渴望在战场上建功立业，成就功名。但如霍去病这样将生死置之度外，而把家国放在第一位，却又不求功名利禄者，亘古难见！

霍去病的所作所为，给后世树立了一个道德标杆。"匈奴未灭，何以家为"也成为中国历朝历代保家卫国的将士们的座右铭。

《史记·卫将军骠骑列传》说："涉离侯，济弓闾，获屯头王、韩王等三人，将军、相国、当户、都尉八十三人，封狼居胥山，禅于姑衍，登临翰海。"

《汉书》言："骠骑冠军，飚勇纷纭，长驱六举，电击雷震，饮马翰海，封狼居山，西规大河，列郡祈连。"

三国名将曹彰则感叹："丈夫一为卫、霍，将十万骑驰沙漠，驱戎狄，立功建号耳。"

明朝史学家王世贞称赞："大将军、骠骑将军以轻骑绝大漠，数得志焉。"

……

作为诗人与剑客的李白，一首《胡无人》，饱含了多少读书人的青春梦想！"严风吹霜海草凋，筋干精坚胡马骄。汉家战士三十万，将军兼领霍嫖姚。流星白羽腰间插，剑花秋莲光出匣。天兵照雪下玉关，虏箭如沙射金甲。云龙风虎尽交回，太白入月敌可摧。敌可摧，旄头灭，履胡之肠涉胡血。悬胡青天上，埋胡紫塞傍。胡无人，汉道昌。"

品读这些文字，一代战神，横马立刀、英姿飒爽，正从历史长河里向我们奔驰而来！

当然，霍去病是人不是神，取得抗击匈奴的成就，必然有其深层的原因。

历史学家陈梧桐在《中国军事通史·西汉军事史》总结出三点：

一是霍去病具有超乎寻常的英雄气概。

二是霍去病绝不是只有意气之勇的匹夫，而是一员既勇且谋、能够决胜千里的战将。

三是霍去病所率领的骑兵，无论是八百人的"轻勇骑"，还是一万人、五万人的大军，都是精心挑选出来的优秀士兵。

是啊，"匈奴未灭，何以家为？"生命之二十四载，很短也很长！霍去病似乎因匈奴而生，而又在创造了一个个战争奇迹后倏忽离去！青春的战神，昂扬激进，让后世国人血脉偾张，成为一代代民族精神的象征！

第八章　匈奴国——马背上的铁血风云

燕然未勒归无计

汉武大帝的雄才大略，给匈奴以毁灭性的打击！但是，匈奴毕竟是匈奴，一个在草原上游荡的民族，其鬼魅身影始终徘徊在中原王朝的边境之上，依然是东汉历代帝王始终难以释怀的心结。

不过，面对强悍的匈奴，东汉的帝王们依旧沿着先祖的足迹行进；对外关系上，抗击与和亲的双向变奏，依旧成为那个时代的对外发展的主题。

西汉末年，社会动荡，北方的匈奴又强盛起来，控制了西域和东北的乌桓等族。并在东汉光武帝刘秀进行统一战争时，支持渔阳的彭宠、五原的卢芳反对刘秀。

不过，此时的匈奴也在变化，自身的阶级分化日渐明显。原本作为部落盟长的单于开始向君主过渡，权力的争斗日渐激烈。

东汉的开国帝王光武帝刘秀在对外关系上，却没有汉武帝的雄心壮志，而是以"柔道"治国，针对周边少数民族的威胁，制定了以保守为主的边防政策。

直至窦固、窦宪横空出世，匈奴的命运再次改写！

先说窦固，他好读书，喜兵法，是光武帝刘秀的驸马，曾任中郎将，后来受犯罪的堂兄窦穆牵连，遭禁锢十年。

东汉明帝时期，匈奴不断骚扰边境，明帝是一位有志向的皇帝，一心想恢复先祖汉武帝之荣耀，于永平十六年（73年），任命窦固以奉车都尉职，与骑都尉耿忠率骑出酒泉塞，出击北匈奴，至天山，大败呼衍王，追至蒲类海，于伊吾卢城置军屯田。

公元 74 年冬，窦固又率军深入西域，驱逐北匈奴，降服车师国。他派班超出使西域，并建议东汉政府恢复西域都护府及戊己校尉的建置。

班超何许人？他是"投笔从戎""不入虎穴，焉得虎子"的主人公，东汉著名的军事家、外交家，他的长兄是班固，妹妹是班昭，对外主张"以夷制夷"。

再说窦宪，他是汉章帝的大舅爷，其权势炙手可热。更厉害的还在后面。汉章帝驾崩后，窦太后临朝称制，窦宪以侍中的身份，内主机密，外宣诏命。

后来，因为争宠之事败露，窦宪得罪了太后，遭遇禁闭。

此时，匈奴已经分为南北，南匈奴亲汉，北匈奴反汉。北匈奴依旧闹腾，正好南匈奴请求汉朝出兵讨伐北匈奴。机会来了！窦宪主动请缨，将功折罪。

窦宪有很多封号，其中一个封号就是虎贲中郎将，汉朝的虎贲骑兵，是负责保卫皇帝的。

窦宪对北匈奴进行了四次大战——稽落山之战、伊吾之战、河云北之战、金微山之战，直至北匈奴主力被彻底歼灭。

在历史上留下威名的就是稽落山之战。公元 89 年，窦宪组建一支适应漠北作战的骑兵部队，分三路出师，本来是准备在涿邪山会战的；后来得到情报，北单于并不在涿邪山，而是驻扎在稽落山，于是马上改变行军路线，派遣大将率领万余精锐骑兵，分三路驰袭而去，把北匈奴军的主力围歼于稽落山，大败匈奴军，单于带着少数人马向北遁逃。

获得大胜后的窦宪，踌躇满志，顺着翁金河谷南归，途经漠北地区最后一个停留地点——燕然山。面对山上的岩石，窦宪感慨万千，指令班固撰写一篇铭文，凿刻于山崖。昭示功绩，垂耀万世！

燕然山铭

惟永元元年秋七月，有汉元舅曰车骑将军窦宪，寅亮圣明，登翼王室，纳于大麓，维清缉熙。乃与执金吾耿秉，述职巡御。理兵于朔方。鹰扬之校，螭虎之士，爰该六师，暨南单于、东胡乌桓、西戎氏羌，侯王君长之群，骁骑三万。元戎轻武，长毂四分，云辎蔽路，万有三千余乘。勒以八阵，莅以威神，玄甲耀目，朱旗绛天。遂陵高阙，下鸡鹿，经碛卤，绝大漠，斩温禺以衅鼓，血尸逐以染锷。然后四校横徂，星流彗扫，萧条万里，野无遗寇。于是域灭区殚，反旆而旋，考传验图，穷览其山川。遂逾涿邪，跨安侯，乘燕然，蹑冒顿之区落，焚老上之龙庭。上以摅高、文之宿愤，光祖宗之玄灵；下以安固后嗣，恢拓境宇，振大汉之天声。兹所谓一劳而久逸，暂费而永宁者也，乃遂封山刊石，昭铭盛德。其辞曰：

铄王师兮征荒裔，剿凶虐兮截海外。

敻其邈兮亘地界，封神丘兮建隆嵑，熙帝载兮振万世！

公元 91 年的金微山之战是窦宪统领的汉军出击匈奴行程最远的一次。这次战役后，"北单于震慑，屏气蒙毡，遁走于乌孙之地，而漠北空矣"。北匈奴一部向西远徙，余部溃散。至此，汉族的边境再也没有匈奴的骚扰了。

一代草原霸主，在窦宪的铁蹄下变成了千古悲歌。西迁匈奴逃难的队伍，唱着这千古悲歌，渐渐消失在了西迁的地平线上。

失我祁连山，使我六畜不蕃息。

失我焉支山，使我嫁妇无颜色。

自冒顿单于兴起，至匈奴西迁为止，匈奴政权在大漠南北存在、持续了整整三百年。

至于匈奴残部的去向，《后汉书》说是"不知所终"。可后来的研究者认为是西迁了，窦宪这一战，不仅影响了中国历史，也间接推动了欧洲的历史进程。

为了说明白这种变化的影响，有学者打了一个比方，说日耳曼人是一颗钉子，匈奴人是个锤子，罗马帝国是个心脏。挥动锤子的是中国人打匈奴，结果把锤子打到钉子上，钉子嵌入罗马帝国的心脏，就导致罗马帝国分成了东罗马和西罗马。另外，把日耳曼人从原始的草原推向历史舞台，欧洲进入中世纪。东边大汉王朝追击匈奴，西边罗马帝国灭亡，一个旧时代的结束，欧洲历史由此进入新的阶段。

"封狼居胥、燕然勒石"作为军人的最高军功和荣誉，在那个热血澎湃的年代，面对彪悍的匈奴，大汉朝的将帅们演绎了一场场荡气回肠的绝地反击。

"浊酒一杯家万里，燕然未勒归无计。"这些出征的将士们，多么渴望收复被异族侵占的土地，获取刻石燕然这样的功绩从而荣耀归乡啊！

"明犯强汉者，虽远必诛！"这铿锵有力、掷地有声的九个字，是汉朝将帅的出征宣言，震撼人心，刻在历朝历代保家卫国将士们的心里。

第八章　匈奴国——马背上的铁血风云

匈奴国

· 匈奴最初是公元前 3 世纪时兴起的一个游牧部族，匈奴帝国的全盛时期从公元前 176 年至公元前 128 年。

· 匈奴主要分布于阿尔泰山以东的鄂尔多斯高原。据《史记·匈奴列传》中记载，匈奴，其先祖夏后氏之苗裔也，曰淳维。

· 公元前 215 年秦始皇时期，匈奴被驱逐出黄河河套地区。东汉时分裂，南匈奴进入中原内附，北匈奴从漠北西迁河西走廊，中间经历了约三百年。

· 自汉武帝元光六年（公元前 129 年）起开始受到汉朝军队的攻击，汉武帝元朔六年（公元前 123 年）匈奴将主力撤回漠北地区，至汉武帝元狩四年（公元前 119 年）匈奴国已经完全退出漠南地区。

· 汉元帝竞宁元年（公元前 33 年），匈奴王呼韩邪向汉求亲，王昭君出塞嫁与匈奴单于后，匈奴人已重新回到漠南，与汉朝以长城为界。

· 公元 91 年，汉军在金微山（今阿尔泰山）大败北单于，北匈奴主力便远走中亚。其后，中国北方的鲜卑族强大起来，逐步占有匈奴故地，五六十万匈奴人遂"皆自号鲜卑"。

· 匈奴至南宋时，逐渐汉化而作为一个民族在中国北方消失。

第九章

古代西域曾经是欧亚文明古国相互交融的特殊区域，而处于这一特殊区域中心的龟兹国，又是"古印度、希腊—罗马、波斯、汉唐四大文明在世界上唯一的交汇之处"，如此神秘瑰丽的地方，叫人如何不想它？

龟兹国——
四大文明唯一的交汇之处

女儿国的由来

古典名著《西游记》中有个女儿国，很是令读者向往，一个全是女人的国家，太神奇了！

自然，要追问女儿国究竟在哪里，《西游记》毕竟是部小说，真的有女儿国吗？其实，从现如今可以查阅的资料来看，这个地方的大体位置还是有迹可循的。

历史上还真的有一座苏巴什古城，就在龟兹古国内。《大唐西域记·屈支国》称："屈支国东西千余里，南北六百余里，国大都城，周十七八里。"屈支，即龟兹。

苏巴什古城实际叫"苏巴什佛寺"，又名"昭怙悝大寺"，波涛滚滚的库车河穿城而过。据说，这条河就是《西游记》里"子母河"的下游。

苏巴什佛寺，建于库车河（铜厂河）东西两岸，依山傍水，面积约2平方公里。它另一个名称就叫作女儿国，始建于东汉，隋唐盛极一时。

据说是因为女儿国的水质出现了问题，只能生出女孩生不出男孩，所以这里的姑娘从来不嫁到外界，只要到了适婚的年纪，就会开始招揽上门女婿，婚后他们也只能生女孩，所以这里一直阴盛阳衰。

这个当然是传说了，但是《西游记》里所说的女儿国，应该就是《大唐西域记》里的龟兹国。

每当说到掩埋在历史风沙下的西域，人们都喜欢用"神秘"一词来形容。这种神秘感既是由于西域与中原地域遥远的距离感，也是由于自古至今对西域的记载都很少。

最早记录龟兹国的典籍是《汉书·西域传》："龟兹国，王治延城，去长安七千四百八十里。户六千九百七十，口八万一千三百一十七，胜兵二万一千七十六人。……南与精绝、东南与且末、西南与酐弥、北与乌孙、西与姑墨接。能铸冶、有铅。东至都护所乌垒城三百五十里。"

龟兹国的历史与两个名人相关，一个是西汉的张骞，另一个是东汉的班超。

龟兹国最早与汉文明的接触，源于张骞。张骞出使西域，并没有进入龟兹国，但因为路过，第一次了解到在西域三十六国中，位于天山南麓、塔里木盆地北缘地区的龟兹古国。从此以后，汉人与龟兹人，开展了千余年的政治、经济、文化交流。

东汉时期，那位"不入虎穴，焉得虎子"的班超率军平定龟兹叛乱。

龟兹国，是古代西域大国之一，存在的时间非常久。班超到来的时候，龟兹王建，自以为有匈奴为后台，图谋称霸；龟兹人兜题也生乱，自立为疏勒王，走向了背叛汉朝的不归之路。

班超先派部下田虑前去生擒了兜题，然后召集疏勒国的官吏及将士，向他们昭告龟兹国的无道之状，随后改立疏勒故王兄弟之子忠为国王。

后来，经历了艰苦卓绝的斗争，终于在公元 91 年，龟兹归降了东汉，东汉政府任命班超为西域都护。班超废掉匈奴所立的龟兹王尤利多，改立白霸为龟兹王。

早年的龟兹，国王的姓氏是没有记载于史册中的，所以，不知道龟兹王姓什么。也是从班超起，龟兹进入了白氏统治的时代。

为了便于管理，班超也将都护府从乌垒城移至龟兹境内的另一座城市它乾城（今新疆新和县玉奇喀特古城）。从此，龟兹国再次成为汉文明与西域各国的文化交流中心。

龟兹是个女儿国，的确是传说。但是，龟兹的女性的确多才多艺，以歌舞、古乐闻名。

龟兹的乐器，舞蹈对唐代有重大深刻的影响，龟兹乐舞以歌代表声音，以舞蹈传递情愫，这是龟兹的典型特征，龟兹的音律传入长安，对那时长安宫廷的乐律有很大的影响。

当年唐僧西天取经，路过龟兹，留下了"管弦伎乐，特善诸国"评价。

隋唐时期，龟兹歌舞、古乐一度风靡长安，连李白、杜甫、白居易等大诗人都为之倾倒。

最著名的就是白居易的《胡旋女》，据说就是诗人白居易在看完龟兹歌舞后，对"胡旋女"那令人痴迷的西域乐舞所作的惟妙惟肖之记录。

胡旋女

[唐]白居易

胡旋女，胡旋女，心应弦，手应鼓。

弦鼓一声双袖举，回雪飘飘转蓬舞。

左旋右转不知疲，千匝万周无已时。

人间物类无可比，奔车轮缓旋风迟。

曲终再拜谢天子，天子为之微启齿。

胡旋女，出康居，徒劳东来万里余。

中原自有胡旋者，斗妙争能尔不如。

天宝季年时欲变，臣妾人人学圜转。

中有太真外禄山，二人最道能胡旋。

梨花园中册作妃，金鸡障下养为儿。

禄山胡旋迷君眼，兵过黄河疑未反。

贵妃胡旋惑君心，死弃马嵬念更深。

从兹地轴天维转，五十年来制不禁。

胡旋女，莫空舞，数唱此歌悟明主。

佛国的绚丽与远播

龟兹国的佛教是国家的符号，龟兹国几乎人人信佛！

龟兹国何时接受佛教不得而知，有文字记载是七世纪初玄奘途经龟兹国，比较详细地描绘了龟兹国的佛教情况。作为一个不大的绿洲国家，龟兹国有佛寺一百余所，"上至君王，下至士庶，捐费俗务，奉持斋戒，受经听法，竭日听法"。

从君王到一般百姓都如此虔诚地信奉佛教。

当然，佛教的传入也绝非偶然，与龟兹国处于多种文明交汇点的地理位置相关。佛教从印度传入了龟兹国，似乎找到了最佳的生长环境，佛教的影响在龟兹国达到了鼎盛。

《晋书》里说："龟兹国西去洛阳八千二百八十里，俗有城郭，其城三重，中有佛塔庙千所。人以田种畜牧为业，男女皆翦发垂项。王宫壮丽，焕若神居。"

《梁书》里也记载："城有三重，外城与长安相等，宫室壮丽，饰于琅轩金玉。"说明古龟兹王城的规模之大，气势之恢宏和豪华壮丽。

到了白纯治下的时候，龟兹非常富裕。在分为三重的都城内，有千座佛寺，整个外墙的长度已经和长安城相差无几。

近代以来，在龟兹故地发现了大批石窟和佛寺遗址，以及那些面积巨大、绚烂夺目的壁画，精妙绝伦的佛教造像，为我们淋漓尽致地展现了浓郁的佛教文化，诉说着佛教在这个王国的鼎盛与辉煌。而这些，仅仅是龟兹佛教盛况的冰山一角。

中原地区进入了魏晋南北朝时期后，社会动荡不已，但东西方交通往来的通畅程度并未因此受到影响。也许正是由于时代的动荡，人们渴望安宁与抚慰，这为佛教的大面积传播创造了条件。

此时的龟兹，作为丝绸之路上的重镇，正处于佛教鼎盛时期。这个全国上下敬奉佛法的佛教王国，自然就成为佛教东传的推动者与传播者之一。

魏晋南北朝时期，大量异域僧人进入中原传教，很多就是来自龟兹的僧侣。佛教作为一种新的意识形态和文化形态，影响着中原地区的政治经济与文化。

有史记载的较早进入到中土传道的龟兹僧人是三世纪中叶的白延。他于曹魏时期来到洛阳，在白马寺翻译佛经。

十六国时期，后赵的国师佛图澄，俗姓帛，亦是来自龟兹的僧人。他使后赵成为中国历史上第一个官方推广佛教的王朝，对佛教在中国内地的传播意义非凡。

当然，对中国佛教影响更为深远、流芳后世的龟兹高僧，当为十六国后期的大译经师鸠摩罗什。

鸠摩罗什世袭高贵，在印度其祖辈是最上等的婆罗门族。其父曾为宰相，却辞官而出家。出家后到了龟兹，因他精进修持佛法，拥有高深智慧，被迎请为国师。后来，得到龟兹王的信任，把妹妹嫁给他，生下了鸠摩罗什。

入佛要讲佛缘，鸠摩罗什出生在佛教世家，人聪颖，悟性高，换种说法：宿值善根。他七岁即能日诵千偈，如："一切有为法，如梦幻泡影。如露亦如电，应作如是观。"

如此优渥的成长环境，成就了鸠摩罗什。他学问深，道行高，加上相貌出众，文笔也非常出众。

争抢人才，自古有之，可像这样大动干戈的不多见。公元382年，苻坚就派遣大将军吕光，攻伐焉耆，接着攻打龟兹，就是为了抢鸠摩罗什。

当然，历经磨难的鸠摩罗什后来还是到了长安。可当时的中国正处在南北分裂，兵荒马乱，鸠摩罗什法师就是在那样恶劣的环境下，坚持传播佛法，翻译佛经。

鸠摩罗什翻译了384卷佛教梵文经典，与真谛、玄奘并称为中国佛教三大翻译家。

他的译著有《大品般若经》《妙法莲华经》《维摩诘经》《阿弥陀经》《金刚经》等经和《中论》《百论》《十二门论》《大智度论》《成实论》等论，系统地介绍龙树中观学派的学说。

鸠摩罗什文笔非凡，译经文义圆通、语言优美、朗朗上口，都是不可多得的精品，在中国译经史上有划时代的意义。

鸠摩罗什的卓越贡献，为后世的中国佛教的繁盛奠定了坚实的基础；尤其是南北朝时期，成为中国佛教最为繁盛的时期之一。

公元409年，鸠摩罗什在长安圆寂，他的一生，从天竺到龟兹到长安，为佛教东传做出了卓越的贡献。在佛教起源地（天竺）与后世佛教的主要流传地之一（中土汉地）之间，龟兹起到了重要的中介和接力作用，诉说着这个西域小国在佛教史上的突出作用和巨大影响。

后来信仰其他宗教的民族兴起，占领了龟兹后，逐渐采取了废除佛教运动，对龟兹的佛教文化进行了毁灭性的打击，拆除寺庙捣毁佛像，焚烧经典文献，杀害佛教信众。就这样，具有一千多年历史的龟兹佛教文化被破坏殆尽，永远消失在历史的长河之中。

龟兹古国的都城如此豪华与壮丽，难怪20世纪欧洲的探险家们纷纷来到龟兹古国进行寻宝探险活动。而昔日繁荣昌盛的王城如今只留下了一个神秘的影子和古址废墟，不得不让人为之惋惜。

四大文明缘何钟情这里

龟兹古国是一颗璀璨的明珠，镶在曾经繁荣的丝绸之路上。它在中西方交往的历史的天空中上演了一场场精彩的戏目。而随着现代考古的不断发掘，丝绸之路上这些多彩的剧目也将会一幕幕地重演于世。

曾经的西域重镇龟兹，连接着东西方的贸易，融合着东西方的文明，在古代是古印度、古希腊（含古罗马）、波斯、中国这四大文明在世界上唯一的交汇处。

季羡林老先生曾经慨叹："龟兹是古印度、希腊—罗马、波斯、汉唐四大文明在世界上唯一交汇的地方。"

这是何等崇高的评价！当你站在龟兹古国遗址之上，漫步在已消失千年的龟兹故土时，人仿佛进入了时空隧道，耳边随之传来的将是历史的车轮转动的声音。

历史学家汤因比曾经如此表达情感："如果人有来世的话，我愿意出生在新疆那个多个民族、多种文化交汇的库车地区。"

库车是哪儿啊？就是龟兹古国的所在地啊！汤博士喜欢在这种民族交汇、文化交汇的库车地区生活。

这就是神秘的龟兹古国的魅力！曾经是欧亚文明古国相互交融唯一的特殊区域，这里汇聚着古印度、波斯、古希腊、古罗马和我们古老中华民族的优秀文化遗产，通过大量石窟和数以万计的出土文物仍可窥见龟兹文化的概貌。

龟兹古国与中原地区的交往，始于西汉，繁盛于东汉及魏晋时代，曾经为西域的泱泱大国，以库车为中心，东起轮台，西至巴楚，北靠天山，南临塔克拉玛干大沙漠，现在新疆的库车、拜城、新和、沙雅、轮台县一带，都曾是古代西域龟兹国的领地。

龟兹的辖区是一个民族迁徙的大走廊，除土著的龟兹人之外，来自东西方的不同人种在这里交流、融合，他们在这个世界东西方人种相互渗透的人类博物馆里，融合形成了具有共同民族特征与文化心理的新的共同体——"龟兹人"。

自从班超让龟兹"白"姓统治后，一直对中原中央政府忠心耿耿，也由此奠定了龟兹在西域各国的重要位置，这也是汉朝的西域都护府设置在龟兹的原因，以至于后来的唐朝在龟兹也设置了安西都护府。

这里有两个故事，可以展现龟兹在汉唐时代文化交融与交流情况。

我们先说第一个故事，与汉朝的一位公主相关。

汉武帝时代，一位汉室公主离开长安的宫廷，远嫁西域的乌孙国。这名公主封号为"解忧"，是楚王刘戊的女儿。

解忧公主后来有一女，名为弟史。这位乌孙公主到了快成年的芳龄时，母亲解忧公主为了缓解思念故土之苦，决定把女儿送到汉都长安学习汉族文化。

而解忧公主的这个女儿美名早已远扬在外，龟兹国王绛宾已有所闻，便向乌孙派出求婚使者。然而龟兹使者抵达乌孙时，公主已经离去。

不过，有情人终成眷属，似乎是上天的眷顾，乌孙公主恰好途经龟兹。这正合绛宾之意，先把公主扣下再说，然后才派使者去乌孙把此事告知公主的母亲解忧公主。

这种做法当然不妥，这不是普通人啊，是乌孙国的公主啊，何况与大汉相关！不过，解忧公主是个有格局的人，她看到了未来，不仅没有勃然大怒，而且同意了这门亲事。

绛宾迎娶了乌孙公主为王后。在解忧公主的安排下，绛宾夫妇俩一同前往长安学习汉地音乐，母亲希望他们能把自己家乡的礼乐文明带回西域。

那时已经是汉宣帝掌权了，龟兹王绛宾和夫人一同来到汉都长安，汉朝皇帝赐予龟兹王与夫人以印绶，并赐予龟兹夫人"公主"的称号，意即把她纳入宗室。

更重要的是，来而不往非礼也，汉宣帝赐给龟兹王夫妇车骑旗鼓，歌吹数十人，把汉朝的礼乐制度作为礼物送给他们，还让他们在长安留居一年，观摩学习中土的制度文明。

这次长安之行真的让绛宾夫妇大开眼界，看到了汉朝的强大。后来，他们把学习到的汉朝礼仪制度都带回到龟兹。

《汉书·西域传下》记载了这段经历："乐汉衣服制度，归其国，治宫室，作徼道周卫，出入传呼，撞钟鼓，如汉家仪。"

还有一个故事，与一位诗人相关。

公元 91 年，在班超的权衡下，把龟兹贵族，曾是汉朝质子的白霸立为龟兹王。他就是著名的龟兹白氏王朝的首任国王。

这以后的龟兹国历史，为白姓所续写！白姓自然就成为龟兹古国的王姓，直到唐朝后期七百余年间，白氏王朝基本上是延绵不绝，屡见于历朝史籍。

"安史之乱"不仅仅是唐朝国运的分水岭，也是龟兹国的分水岭。当时，唐朝为了"勤王"，紧急调遣安西、北庭、河西、陇右等大军回中原平定叛乱。西域出现了权力真空，这给了吐蕃机会，趁机率领大军占领了龟兹。

而到了 11 世纪，信仰伊斯兰教的喀喇汗国攻占西域，将佛教汉文化摧毁，千年古国龟兹就湮灭在黄沙之中了。直到清朝时，西域才回归中国。

动荡时期，很多龟兹王室为了求安，大批地迁徙到中原生活，这其中也包括白居易的祖先。

这听起来有点玄乎，白居易出生于772年，出生地在河南郑州，但祖籍山西太原。当然，龟兹白姓是不是白居易的祖先，没有实证之前，有争论很正常！

直到1997年10月，在河南省伊川县彭婆乡许营村北，万安山麓出土了唐朝士人皇甫炜夫人白氏的墓志，讲述了白氏家族及其转徙中原的轨迹。

在这块墓志中，记载了白氏家族的名人，其中就有白居易的祖先，也记载了白氏先祖是龟兹王室后裔，佐证了白居易是龟兹王室后裔的说法。

神秘的克孜尔尕哈烽燧

龟兹古国留下来盛景之一，可能就是神秘的克孜尔尕哈烽燧！

烽燧是汉唐时期边防报警的军事传讯设施。晚上燃火为"烽"，白天点烟为"燧"。

古人为使烟直而不弯，常以狼粪代替薪草，故"燧"又别称为"狼烟"。烽燧往往与政治军事中心的城堡、驿站、交通要隘联络成一体。

烽燧一般相距10里左右，明代也有距离5里左右的，守台士兵发现敌人来犯时，立即于台上燃起烽火，邻台见到后依样随之，这样敌情便可迅速传递到军事中枢部门。

而克孜尔尕哈烽燧不仅神奇，而且神秘，首先看外形。

克孜尔尕哈烽燧如同两个并肩站立的哨兵，孤独地矗立于黄土蓝天间，巍然耸立了千年；又如一对相拥的恋人，紧紧地拥抱在一起，谁也不能把他们分开。

策马遥想当年，从长安跋涉数千里是何等的不易。从前的日光很慢，车、马、邮件都慢；一个问候，要等上好多天。

克孜尔尕哈烽燧建于西汉时期，目前是古丝绸之路中道上保存最完好的一处烽燧遗址。烽燧平面呈长方形，东西底长 6 米，南北宽 4.5 米。残高尚有 16 米，上下齐宽。

远远望去，烽燧高高耸起，夯土板筑，风沙侵蚀，建筑中以往加入的木楔都裸露在外，顶部还残留着修筑时加入的胡杨枝。黄土夯筑的高台经历了两千多年的风雨依然得以保存，不得不赞叹古人的智慧。

烽燧前面视线开阔，过去盐水沟和形成的谷地大约是一条重要通道，烽燧的背后可以遥望古龟兹。

走近它，像走进一场战争；走近它，像走进一段生死别离！

烽火燧还有一个凄美的传说：在维语中，"克孜尔"是"姑娘"的意思，"尕哈"是"居所"的意思。"克孜尔尕哈"就是姑娘居住的地方。

那时，这里曾是龟兹国的疆域，国王的女儿长到 16 岁的时候，爱上了一个穷人家的小伙子。

等级观念甚严的龟兹古国，这样的恋爱当然是不被允许的！聪明的小伙子有办法，乔装成一个巫师，为国王算卦时说他的宝贝女儿要被毒死，要想女儿安全，必须让她住在最高的地方。

龟兹国王非常疼爱自己的女儿，就相信了巫师的话，把女儿送到烽燧之上住下来。

公主从壁垒森严的皇宫出来，才能有机会与心上人相会！

这位痴情的小伙，为了见自己的爱人，就时常攀上烽燧来相会。高高的烽火台上有着无限的温柔，夜空之下，呢喃之语，一段怎样的侠骨柔情！

纸包不住火，这样隐秘的事情，最终还是被国王发现了。国王无比愤怒，不论公主怎么求情，失去理智的父亲都听不进去。他咬牙切齿地命令手下用乱石把小伙子活活砸死在烽燧之下。

公主悲痛欲绝，最终在烽燧之上绝食殉情，以这样的方式回报心上人。

幽怨的胡笳，柔静的冷月，如今岁月还在诉说着什么呢？没有了战火的硝烟，也没有传说中的殉情，如今的烽燧只是默默地看着西下的阳光照射在这片和平、富饶的土地上。

渐行渐远的文化古国

塔里木沙漠边缘的多个绿洲，就像是被丝绸之路串联在一起的一串珍珠项链。其中，龟兹绿洲正是这串珍珠项链上的一颗珍珠。

或许，龟兹城邦并不是最大的绿洲，但绝对是最有特色的绿洲。

有人曾对汉朝的皇帝说过："若得龟兹，则西域未服者百分之一。"可见，龟兹的战略位置的重要性。

龟兹古国绵延了两千多年，到十一世纪以后，断断续续被异族入侵，基本消失在历史的视野。

这样，前前后后算起来，龟兹古国消失了千年，这个神秘的地方突然间就在历史的长河中消失不见了。千年的迷失，让龟兹的存在更加神秘。

当时间的车轮行驶到 19 世纪时，一个叫鲍尔的英国军官的到来，逐渐向世人揭开了这片神秘土地的种种秘闻。

第九章 龟兹国——四大文明唯一的交汇之处

鲍尔无意中从两个农民手中买了几页写有特殊文字的桦树皮。他非常兴奋，找专家论证，后经研究证实，这桦树皮是用婆罗迷字母书写的古代印度梵语，内容有关医药，时间在公元 4 世纪。

有了这个发现，一个尘封的古国重新回到了学者的视野，这份被称为"鲍尔文书"的手稿引起了学术界的轰动。

几页残缺的纸片，破解了千古秘密。一种死亡的语言被发现了，一个消失了 1000 多年的使用这种语言的龟兹古国，若隐若现于塔里木盆地的绿洲之上。

龟兹古国有多古？据资料记载，它在战国时期就已经出现了，西汉时逐渐壮大为西域绿洲城邦，属于大国了。城邦东西千余里，南北六百余里，人口有八万多人，早先曾为匈奴所降服，又曾与乌孙联姻，后被西汉朝廷纳入版图。

南北朝时期，中原朝廷无暇他顾，龟兹国有时自立，有时从属于其他少数民族政权。

前秦建元十八年（382 年），苻坚手下的大将吕光灭龟兹，将龟兹乐带到凉州，从此龟兹乐在中原地区传播开来并大行其道，成为对我国音乐舞蹈等文化方面有着重要影响的艺术派源。从某种程度上讲，龟兹国为人们所熟识，也是龟兹乐的传播起了很大作用。

隋朝建立后，龟兹国曾前来朝贡，也受到了朝廷的优待。

唐朝建立后，唐太宗派遣昆丘道副大总管郭孝恪讨伐龟兹，攻破了龟兹都城。郭孝恪亲自留守在那里。龟兹国相那利率众逃跑，后来又率领万余部众来攻，与城内投降的胡人约定里应外合。郭孝恪在混战中身中流矢而死。贼寇退走后，将军曹继叔又收复了龟兹都城。

唐太宗对西域管辖特别重视，于贞观二十二年，设安西节度使，抚宁西域，统龟兹、焉耆、于阗、疏勒四国。而安西都护府的治所就在龟兹国城内，有戍兵二万四千人。

宋朝时期，龟兹曾前后遣使朝贡十二次。之后龟兹渐渐没落。

十一世纪末，来自西亚的伊斯兰教进入新疆地区，改信伊斯兰教的回鹘黑汗王朝开始到处打击其他民族，迫使他们改信伊斯兰教，要么被杀，要么迁徙，要么改变自己的信仰。

信仰没有了，龟兹古国基本上就名存实亡了。城市逐渐萧条，龟兹文明也渐渐消失了。

十四世纪，龟兹地区再遭劫难，改宗伊斯兰的察合台汗秃黑鲁帖木儿也对本来信佛教的龟兹国进行了又一次打击。后来，龟兹地区又隶属于叶尔羌汗国、准噶尔汗国。

后来，大清王朝建立，国力大增，逐渐完成祖国的统一。清乾隆二十四年（1759 年），龟兹（时称库车）重新归于中央政府的统治之下。

后来的考古发现，龟兹古城在现在的库车县城以西约两公里处的皮朗村，这里有一座只剩残垣断壁的古城，称为皮朗古城，它周长近 8 公里。

这里埋藏着非常多的文物，留存有不少的古迹。考古发掘出了中西方文物，包括石器、骨器彩陶片、铜件、汉五铢钱、龟兹小钱、开元通宝等。文物的丰富，昭示着龟兹地区曾经辉煌的存在！

经过专家学者们的反复考证，这里被确定为龟兹古国的故都。到了2013 年 5 月，这里被列为第七批全国重点文物保护单位。

那么，龟兹王国为什么会没落并消失呢？

可能有人认为与西域各国之间的战争以及外来打击有关，这是原因之一，但不是主要原因。

诚然，战争可以影响地区的发展和繁荣，但是战争的影响通常都是短暂的，也不会让它消失。

何况龟兹国属于西域大国，敢对其发动战争的国家并不多，并且龟兹历代国王都很懂得夹缝中求生存的道理，因此龟兹国才能历经两三千年而不灭。

那么，龟兹古国消失的真正原因是什么呢？

其实，与楼兰古国一样，主要还是环境的变化，变得不适应人类居住了；还有就是丝绸之路的变化，使得这里变得不重要了。

慢慢地，强大的龟兹古国不复存在，消失在历史的长河中，不再被史籍记载。

龟兹国

· 龟兹国，公元前272年至14世纪，是古代西域绿洲国家。公元648年，唐设安西大都护府于龟兹国，安西四镇之一。约有1700年的历史。

· 龟兹国地处古丝绸之路上的交通要冲，曾经是西域地区政治、经济和文化的中心。在西域的众多国家中，龟兹国因为地理位置重要，所以异常繁华，无论是经济文化，还是武力，都居于西域众多国家之首。

· 龟兹国，拥有比莫高窟历史更加久远的石窟艺术，它被现代石窟艺术家称作"第二个敦煌莫高窟"。

· 一般认为，《西游记》里所说的女儿国，应该就是《大唐西域记》里的龟兹国。

· 龟兹国的都城在新疆库车县城附近。考古专家在发掘古城的时候发现，龟兹国都城成为废墟并不是因为战争，而是当地人有秩序地迁都。

第十章

党项族是羌族的一支，历经磨难而在西北崛起，建立了大夏古国。这个民族在中国历史上曾经创造了不朽的业绩和灿烂的文化，为中华民族文化的多样性增添了迷人的光彩。最终，这个民族遭蒙古大军灭族，文明随之暗淡与匿迹，只留下了无数的传说，成为西北最神秘的古国。

西夏——西北最神秘的古国

神秘西夏从哪儿来

神秘的西夏从哪里来？蒙元建立后，西夏就基本消失在历史的视野了！

近千年了，历史学者一直在寻找西夏的遗存，来梳理西夏的兴亡脉络。但是，因为神秘的西夏遗存较少，全世界研究西夏的学者并不多，认识西夏文字的就更少，所以研究西夏文献和历史的西夏学一度被称为"绝学"。

西夏，是党项族人建立，自称邦泥定国或大白高国。而党项族是古代西北族群，属西羌族的一支，也称"党项羌"。

这支由古羌族演化而来的党项人，大约在公元六世纪后期登上历史舞台，他们长期居住在今甘肃、青海、四川三省毗连的辽阔草原上，过着游牧生活。

隋唐时代，主动归附，称臣纳贡，日子过得也还太平。

但是，后来吐蕃政权从青藏高原上崛起，不断向外扩张，攻占大部分党项领地。为了免遭吐蕃的奴役，党项拓跋等部征得唐朝的同意，迁往相对安宁的陇右庆州（今甘肃庆阳）等地。后来又迁往银州以北、夏州以东的沙漠地带（今鄂尔多斯高原南缘）。

唐朝末年，拓跋部大首领拓跋思恭因镇压黄巢起义"有功"，被唐僖宗升为定难节度使，治所夏州，故又称夏州节度使，赐皇姓李，封夏国公。

自此，西夏有了李氏的起源，形成李氏家族的统治格局。

大宋王朝兴起后，与党项族的政权形成新的格局。

当然，不知大宋政权底细的党项政权，依然服从中原政权的管辖，只是当时中原政权更迭频繁，不知道如何朝贡。现在，大宋政权建立，为了表达忠心，当时在夏州的定难军节度使李继捧主动把统辖的四州八县献给宋朝。

可是，逐渐强大起来的党项族人，有一部分并不想这样归附。以李继捧的族弟李继迁为首的党项族开始组建反叛军队，公开与大宋对抗。

这当然让大宋王朝无法接受，或许也超出了李继捧的想象，局势一下子变得不可收拾。

宋太宗采用赵普之计，以党项人管理党项人，重新任命李继捧为定难节度使，并赐名赵保忠。

但是，效果并不如大宋政权所预料的那样，李继捧有和李继迁私自沟通的嫌疑，宋太宗将他免官。责授为右千牛卫上将军，封宥罪侯，赐第京师。后官居右金吾卫上将军，景德元年（1004 年）病逝，赠威塞军节度使。

逃往夏州东北的地斤泽（今内蒙古鄂尔多斯巴彦淖尔）的李继迁，自知局面无法回转，眼前只有一条路——起兵对抗大宋。

李继迁非常聪明，利用宋辽对抗的矛盾，采取"联辽反宋"战略，借力打击宋朝。

当然，这也正中大辽的心意，也需要一种力量来牵制宋朝；现在送上门的好事，怎会轻易拒绝？要人给人，要粮食给粮食，在辽朝的支持下，李继迁屡败宋军，迫使宋朝于公元 997 年让出"收复"的银夏绥宥四州八县之地。

李继迁尝到了甜头，更不满足于偏于西北一隅，进一步向外扩张，进攻宋朝西北重镇灵州，并很快拿下这所重镇，改名西平府，定为都城，将统治中心由夏州迁往灵州。

一系列战果，激励了党项族人，更大的野心在后面。李继迁不幸战死，其子李德明袭位，攻占整个河西地区，并将都城由西平府迁往兴州，为赓续者建立西夏王国奠定了坚实的基础。

李德明气度深沉，颇有才干，善于权谋。不过，对待辽宋的政策有了点变化，对内保境息民，恢复生产；对外附辽和宋，专力向西发展。

缓和与宋的关系，不是要依附宋，而是聪明的李德明知道党项政权的实力，打败了大宋，也无法统治中原，因为，党项族的文明与汉族的文明不同。

李德明真正的用意是西征，要夺回祖先生存的地方。经过多年征战，党项族击败吐蕃和回鹘，夺取西凉府、甘州、瓜州、沙州等地，打败辽圣宗耶律隆绪，势力范围扩展至玉门关和河西走廊。

李德明一生辛苦经营，不但保存了祖先基业，并且不断扩张势力，为西夏建国奠定了坚稳基础。

公元 1031 年，李德明薨，世子李元昊继位！

青少年时期的李元昊，长了一副圆圆的面孔，炯炯的目光下，鹰钩鼻子耸起，刚毅中带着几分凛然不可侵犯的神态。中等身材，却显得魁梧雄壮，英气逼人。

少有大志的李元昊，在前辈创立的基业上，加快了称帝建国的步伐。他雄心勃勃，建立属于自己民族特质的新的帝国——邦泥定国，也称大白高国。

他要有自己年号：显道；

废除别国所赐的李、赵姓氏，改姓嵬名氏；

塑造自己民族的特色外形：剃发易服，颁布"秃发令"；

重新设立都城——兴庆府，大兴土木，广修宫室；

创立自己的民族文字——西夏文；

简化礼乐制度，"裁礼之九拜为三拜，革乐之五音为一音"。

政权体制，借鉴汉族的政治管理结构，加强中央集权统治。

……

一切准备就绪后，公元 1038 年 10 月，30 岁的李元昊在兴庆府南郊筑坛祭天，正式登上皇帝宝座，建国号大夏。

自元昊帝始，西夏的疆域范围主要在今宁夏、甘肃、青海东北部、内蒙古西部以及陕西北部地区，占地两万余里。

西夏的对外关系上，表面对辽宋金称臣，实则对内独立称帝。前期与辽和北宋经常发生战事，保持三国鼎立的局面，后期与金并立，末期受蒙古威胁。

从 1038 年李元昊登基为开国皇帝，到 1227 年西夏被蒙古所灭，共有十位皇帝继位，近两百年的岁月，创造了璀璨的文明。

西夏都城被蒙古攻陷后，蒙古大军对西夏采取种族灭绝政策，党项人四处逃亡，分散各地，再没有谁能统领党项族人复国了，作为一个独立民族的党项人，也就从历史上消失了。

西夏汉化的秘密

神秘的西夏有很多难解之谜。其中之一，政权的领导人一心想脱离汉族政权的影响，建立党项族的民族特质；可又大力对本民族进行汉化，学习汉族典籍，学习采用汉族的政治文化制度。

这种矛盾，表现在西夏的开国皇帝李元昊身上更是不可思议。

因为，李元昊统治时期，是极力排斥汉族政权的，他采取一系列去

147

第十章　西夏——西北最神秘的古国

其他民族化的措施，梦想建立独有的党项族民族化的政治经济文化。

然而，令元昊想不到的是，自己的血液里已经流淌着汉文化基因。

党项族人以前过着游牧生活，后来为吐蕃、回鹘打压，向东迁徙，就有了同汉族接触的机会。党项族是非常聪明的民族，发现汉文明更适合稳定发展，也学习发展农耕，向半牧半农的经济生活过渡。

经济基础决定上层建筑，逐渐发展的封建农业经济，自然改变了游牧经济形态，也改变着其制度与文化！

尤其是东迁到今甘、陕一带的党项人，农耕得到了很好的发展，人口也有了明显的增长。

更重要的是，到了唐代，元昊的先祖还受赐汉姓，已经是汉族大家庭的一个成员了！

这些事实是改变不了的，李元昊都懂，无论怎么剥离，他还是看重汉文化！

他自己精通汉语，让党项的官员翻译了大量的汉族书籍，比如《孝经》《尔雅》等。

他依照宋制设立百官，建立党项奴隶主阶级统治的国家机构。"自中书令、宰相、枢使、大夫、侍中、太尉以下，皆分命蕃汉人为之。"

元昊致力于加强同中原地区的经济联系，吸收中原先进的经济体制，改变西夏原有的社会经济结构。

在统治的指导思想上，李元昊的确是摒弃宋儒理学的"礼义"思想，但接受了先秦法家的"法治"学说。

他还对俘虏到的汉人一律重用，就是为了引起北宋的关注，认为他善用人才。

在李元昊之后的几任西夏皇帝，更加大了对于汉臣的重用，甚至还学习汉人建立"国学""太学"，一如汉制。

元昊后的毅宗李谅祚，似乎与前任对着干，一改元昊去汉化的做法，立即着手进行了一系列的改革。

这些改革的核心是改蕃礼用汉礼，即用中原汉族王室的礼仪制度，取代元昊建国时设立的制度。

参照宋朝制度，改革了位于西寿等处的监军司机构。

请求宋朝赐予太宗御制的书法拓本，并准备建立藏书阁来存放这些墨宝。

向宋朝进贡骏马50匹，以换取四书五经，以及《唐史》《册府元龟》等典籍。

公元1063年，毅宗改用汉姓，恢复唐王所赐的李姓。

陆续恢复榷场，加强与宋朝边境的贸易往来。

礼贤下士，大胆任用汉人为官，增设了很多由汉人担当的官职——尚书、侍郎、南北宣徽使等。

英雄不问出处，凡是来到西夏，有才能的汉人，都授以职位让其参政。

这一做法吸引了越来越多的汉人投奔西夏。

这样，西夏从政治上、文化上进一步加强了与中原汉室的联系。

由于几代西夏帝王的努力，为西夏的政治经济发展建构了相适应的上层建筑，到天盛年间（1149-1169年），西夏社会出现了空前的盛况，政治稳定、经济发展、文化繁荣，这就是西夏历史上的"仁孝中兴"。

西夏立国近二百年（1038-1227年），党项人积极吸收先进的汉族文明，凭借宜农宜牧的自然条件，创造了独具特色的西夏文化，推进了西北地区的统一及民族融合、经济发展，为中国元代大统一奠定了基础。

黑水城传说

在西夏历史上留下巨大影响力的城市，并非都城兴庆府（中兴府），而是黑水城。

何为黑水城？简而言之，黑水河流过的城！

一说到黑水河，大家会立刻想到《西游记》中唐僧经过的黑水河，"滚滚一地墨，滔滔千里灰。水沫浮来如积炭，浪花飘起似翻煤……牛羊不饮嫌深黑，鸦鹊难飞怕渺弥"。

其实没这么恐怖，这里所说的黑水河，也就是额济纳河，在西夏党项族语里，意为"黑水"。

早在汉朝时，黑水城这个地方就有汉族人屯田驻兵。到了公元 11 世纪初，西夏王朝把这里建设成为北部边境的一座重要的军事城堡，也是西夏十二军司之一黑山威福军司的治所，故又有"威福军城"之称。

城堡早在西夏王朝正式建国以前就已建成，只是后来因为地理位置的重要性，逐渐扩建与加固，成了西夏的一座固若金汤的军事要塞。

尽管城市规模较小，但因它是河西走廊通往漠北的必经之路和交通枢纽，战略地位极为重要。

西夏为了加强这一区域的管理，以防东面辽国和漠北蒙古的侵入，曾先后调集两个统军司来驻扎黑水城及全部居延区域。

同时为了解决军需问题，又迁移了不少劳力来黑水城一带定居，让他们在本地屯垦造田，生产粮食。

黑水城为长方形，全城面积超过十八万平方米。城分为东西两部分，西城为军政官署和寺庙等宗教活动场所；东城则为吏民和军队居住区及仓库等。

城东西各有一座城门，门宽四米五。建有瓮城，瓮城门南向。城墙高十一米，墙四角加厚，成圆锥形，顶部外侧建有女墙一道。

城中还有一条大道贯穿东西。城东南有一座方形堡子，堡东有一座高土台，台东又建有两排房屋，外有围墙。城外是居民的宅院。

西夏鼎盛时期，黑水城已不再是一座单纯的军事城堡，逐渐成为一座经济、文化都较为发达的繁荣城市。

当时的黑水城内，官署、民居、店铺、驿站、佛教寺院以及印制佛经、制作工具的各种作坊布满了城区，一派繁荣昌盛的景象。

这种繁荣安定的局面持续了 200 年左右，直到成吉思汗率领剽悍的蒙古骑兵到来。

1226 年 2 月，黑水城经历了一场毁灭性的血战，守城的黑将军带兵应战，打了三次都不分胜负。西夏的军队骁勇善战是出了名的，他们不惧任何人，包括蒙古骑兵。

黑将军于是率军回城，守卫城堡。蒙古人连番攻打，始终无法攻陷。

城堡固若金汤，所向披靡的蒙古大军在此受挫，非常懊恼，伤亡也是惨重！

成吉思汗看直接攻打的可能性不大，西夏的军队是不肯屈服的，便采取计策，把黑水河拦腰截断，据说还请了巫师作法。

巫师们高声诵诵着《护律·夏日毕其格》（意即法律黄书），军士们用头盔盛着沙土，很快地截断了河水，并筑起一道巨大的土坝。

不过几日，城内便人畜饥渴，近城的禾苗也纷纷枯萎了。黑将军命令士兵在城内掘井，可是在挖掘中，每每眼见出水，一会儿又见底了，就这样直挖到八十丈还是不出水。

这样下去肯定不行，剩下的唯一办法就是突围。

黑将军将城中财宝全部倒入井中，杀死妻儿，率军从城墙凿开一个洞，与蒙古军进行了最后的搏杀，最终全军覆没。

不过，当蒙古军占领黑水城后，始终未能找到这批宝藏，只给自己的族人留下了这片千古"被诅咒之地"。

由于蒙古的屠城政策，后人来到黑水城，找到的多是累累白骨。

由于黑水城地理位置偏僻，又有惨烈的战争与很多的民间传言，给本就神秘的面容又蒙上了一层面纱。

直到公元1909年，一个名叫科兹洛夫的俄国人揭开了那层面纱。

不知道是上天眷顾，还是其他原因，竟然让他发现了黑水城的秘密！

因为在科兹洛夫之前，已经有俄国探险家波塔宁、地质学家奥布鲁切夫，以及数支其他国家的探险队来到过这里。

科兹洛夫非常兴奋，在日记中感叹道："我的名字命中注定与你相连，能把你重新带回文明世界，是我最大的荣幸，你的神秘面纱很快将向世人揭晓。"

他们三进三出黑水城，把方便携带的东西运走，据说运到俄国去的文字资料，到现在还没有清理完，可见文物之丰富。

黑水城佛塔内保存的文本种类十分齐全，包括了西夏文、汉文、藏文、波斯文等八千余种文物写本。不仅如此，还珍藏有辽、宋、夏、金、元各个国家的瓷器，件件都是无价之宝。其中西夏时期的"番汉合时掌中珠"、彩绘双头佛和元代纸币等，都是举世无双。

也正是这些文献的出现，使得本已断代的西夏，逐渐为世人知晓，世界也多了一门学问——西夏学。

神奇的铁鹞子

一代枭雄李元昊，建立了与辽、宋鼎立的西夏王朝，靠的是什么？

被后人尊崇为铁鹞子的骑兵，百里而走，千里而期，最能倏往忽来，若电击云飞。

这是李元昊手中的王牌，西夏作战的主力军，冲锋陷阵、突击敌阵的"前军"。

铁鹞子乘善马、重甲、刺斫不入，用钩索绞联，虽死马上不坠。遇战则先出铁骑突阵，阵乱则冲击之；步兵挟骑以进。

事实上，铁鹞子开始是李元昊的贴身禁卫军，主要是保护主人的安全；后来，战事扩大，李元昊就把铁鹞子扩展为重型骑兵，成为自己取胜的重型武器，铁鹞子个个骁勇善战，以一当十，以少胜多。

铁鹞子的威力有多大？

铁鹞子以精良取胜，人数不多，只有三千骑兵；骑兵分为十队，每队三百人，队有队长，担任队长的"皆一时之悍将"。

十个队的队长均有名称："一妹勒、二浪讹遇移、三细赏者埋、四理奴、五杂熟屈则鸠、六隈才浪罗、七细母屈勿、八李讹移岩名，九细母嵬名、十没罗埋布。"（宋人田况《儒林公议》）

铁鹞子装备精良，"以铁骑为前军，乘善马，重甲，刺斫不入"，这是为什么呢？主要是因为他们所穿的甲衣不是一般的甲衣，而是采用特殊工艺锻造的"瘊子甲"。北宋科学家沈括在《梦溪笔谈》中记载："凡锻甲之法，其始甚厚，不用火，冷锻之，比元厚三分减二乃成。其末留箸头许不锻，隐然如瘊子，欲以验未锻时厚薄，如浚河留土笋也，谓之瘊子甲。"

依据沈括的记载分析，"瘊子甲"采用先进的冷锻技术打制而成，"去之五十步，强弩射之，不能入"，足见西夏重骑兵铁鹞子配备的"瘊子甲"的强大防护力。

除了装备，铁鹞子队员的选拔方式也非常独特，以世袭为主，父亲的盔甲传给儿子，儿子的盔甲传给孙子，祖祖辈辈的流传，让勇猛的基因代代相传，同时也树立了荣耀感。得到铁鹞子的家族，自然会倍加珍惜地为自己的主人卖命。

这支骑兵在纵横天下的蒙古铁骑出现之前，是世界上最凶悍的骑兵，也是所有党项敌人的梦魇。

关于铁鹞子的威力，《宋史》有较详细的记载：

"有平夏骑兵，谓之'铁鹞子'者，百里而走，千里而期，最能倏往忽来，若电击云飞。每于平原驰骋之处遇敌，则多用铁鹞子以为冲冒奔突之兵。"

铁鹞子作战策略也很特别，多用鱼鳞阵——一个个小队聚拢，然后朝对方防御阵形全部冲过去的队形。

西夏军队经常用铁鹞子与宋军作战，作为核心突击力量，在战斗中冲击宋军阵线。但是，如果遭遇失利，就选择后撤，并以山地步兵在峡谷内伏击断后。

西夏的作战策略，实际上是抓住了宋军的软肋，因为中原军队缺乏精锐骑兵，作战缺少灵活机动，一旦铁鹞子来冲锋，根本无法招架。

北宋是依赖军阵为作战单位的，军阵的核心就是阵，如果结阵被破，士气必然瓦解，所以与西夏对垒屡战屡败也就成了必然。

所以，很多宋朝将领采取了守城的方式，来对付西夏的铁骑，倒是无奈而又不错的办法。

比较惨痛的一次，是 1082 年 9 月，西夏军队围攻银川城，以铁鹞子和山地步兵实施轮番猛攻。当时的宋军守将徐禧，既不听部将实施半渡而击的建议，又要让部队在城外对阵敌军。结果被冲锋的铁鹞子击溃，城垣遭到攻破，守军死伤惨重。

但是，万事万物总有克星，西夏铁鹞子遇到了强大的蒙古骑兵，再也神奇不起来了。

因为蒙古铁骑更加灵活机动，更善于冲锋陷阵，更擅长远程突袭、迂回穿插、诈败溃逃而后伏击。

更重要的，蒙古骑兵的装备更加精良与多样。

《黑鞑事略》记载：“其军器，有柳叶甲、有罗圈甲（革六重），有顽羊角弓，有响箭，有驼骨箭。”

据考证，蒙古骑兵出征前，单个士兵随身携带有三张强弓、一把砍斧、一面弯刀、一根狼牙棒。

倘若你要拉开一把蒙古弯弓，至少需要八十公斤的力量，而一旦箭矢飞驰，足以射透百米以外的敌军铠甲。

这样看来，蒙古骑兵征伐前会依据战场中变化万千的情况，携带种类繁多的轻便武器，以确保适应各类战争模式的需要。

当蒙古骑兵遇到铁鹞子时，一般会从两翼奔袭，强悍的骑兵呼啸而来，先是以强弓劲矢不断射杀卷起漫天烟尘的敌军。蒙古骑兵的箭矢相当厉害，铁鹞子根本无法招架，阵形开始陷入了混乱。

这就给了蒙古骑兵冲锋陷阵的绝好机会，以中路直突杀入敌阵。这时候，蒙古骑兵所带的各类武器就派上了用场，他们会根据战场需要，冷静地选择适合的武器作战。

弯刀、狼牙棒、铁骨朵，兵甲碰撞的火花爆燃了整个沙场，血肉模糊的飞溅和残阳下流血漂杵……

曾经威名赫赫的铁鹞子，根本没有见过这样的惨状。他们的心理防线被强大的蒙古骑兵的冲击与厮杀突破了，溃逃是唯一的选择！

伴随着西夏王朝毁灭于历史的黄沙之中，曾经神挡杀神，佛挡杀佛的西夏铁鹞子也灰飞烟灭了。

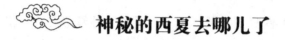

神秘的西夏去哪儿了

西夏的神秘，是因为其历史的断代。

这当然与一个人有关，他就是成吉思汗。

一代天骄，成吉思汗太强大了。没有他攻不下来的堡垒，没有他战胜不了的王朝，可他遇到了一样强悍的西夏。

六十多岁了，征战一生，一生征战，可他坚持要去攻打西夏，结果有去无回，把生命最后的荣光丢在了西夏。

据说，成吉思汗的临终遗言是："我死后，你们不要为我发丧，好叫敌人不知我已死去。当他们从城里出来时，将他们全部杀掉。"

西夏在中国的西北纵横了几百年，随着宋朝的衰弱而兴起，随着蒙古的崛起而灭亡。

实际上，蒙古开始是与西夏结盟的，通过政治、军事等手段逼迫西夏放弃金夏联盟，而改为依蒙攻金。

从此西夏和金陷入了长达十余年的战争，严重损耗了国力。更让他们想不到的是，蒙古人的目标是恢弘的天下，西夏怎么可能成为蒙古的真正盟友？

历史上，没有任何一个对手能让攻无不克战无不胜的成吉思汗如此仇恨，含恨而终还不忘交代子孙复仇。

公元 1227 年，西夏的历史戛然而止，被蒙古人仇恨的西夏王朝终被灭国，从此消失在中国的历史长河中。

西夏王朝神秘地消失了，泱泱二十四史中没有西夏的任何记录。

因为，蒙古人建立的元朝要把西夏彻底抹去，无论是物质的存在，还是精神的存在！

后来的波斯人在史籍中记载，西夏国王和居民全部遭到屠杀。

据说，蒙古秘史也记载了西夏王朝的惨烈灭亡：不留子遗，故有此记。

建立西夏的党项族再也没有能力复国了，历经元、明而逐渐消亡，西夏文也就成了死文字。

直到十九世纪初，清朝一个叫张澍的年轻人第一次扣响了隐秘的历史之门。

张澍是晚清著名经学家、史学家和金石学家，凉州府武威县（今武威市）人。1804 年，张澍回到了阔别已久的家乡养病。

一天，他和一位朋友到清应寺游玩，两人一路谈笑，不觉已走到寺院深处，这时张澍突然看到一个四面被人用砖泥砌封得严严实实的亭子。

张澍想问个究竟，可没有任何口传和记载，寺院里的僧人也不知道缘由，只知道亭子已经被封存了好几百年。

这更激发了张澍的好奇心，虽然遭到很多人的阻拦，但是张澍依旧坚持打开砖封，一探究竟。

随着封砖被一点点凿开，一块高大的黑色石碑显露出来。碑身呈半圆形，四周刻着花纹，碑文的正面，密密麻麻地刻满了工整的楷体字。

当张澍靠近石碑，看清楚上面的文字后，不由得大吃一惊：这些乍看上去好像全都认识的文字，仔细看却没有一个认得。

一行小字立即引起了张澍的极大兴趣，建碑的年款一行赫然写着："天佑民安五年岁次甲戌十五日戊子建"。

后来，张澍在《宋史》中找到了这样一段记载：天祐民安元年六月，夏与宋约定绥州附近国界。

夏与宋处在同一个时代，两国曾长期征战，夏位于中国西北，宋人称其为西夏。

张澍由此断定，碑上那些奇怪的文字竟是已"死亡"了几百年的西夏文字。

这块石碑就是现在被称作"天下绝碑"的《重修凉州护国寺感应塔碑》（"西夏碑"）。它的发现不仅拉开了西夏学研究的序幕，而且还让一个"被遗忘的王朝"——曾经辉煌一时的西夏，就此拂去历史的尘埃，在世人的面前渐渐清晰起来。

只是西夏文如同天书，所有学者都陷入无法解读的困境当中。

又过了一个世纪，公元 1908 年，在我国黑城遗址（在今内蒙古自治区额济纳旗）出土了多种西夏、藏、蒙古、汉文的文书。

其中有一本由西夏人编纂的《番汉合时掌中珠》，可以称得上是西夏文与汉文的双语对照词典，对西夏文字的研究才得以顺利展开。

西夏文及其文献引发世界关注，俄、英、法、瑞、日等各国探险家相继来华"探秘"西夏，"西夏学"成为"敦煌学"之外，另一高度国际化的中国学研究。

在消失了将近 500 年之后，这个神秘的西夏王朝再次被发现，但是西夏文仍没有完全被世人所认识，很多西夏的历史之谜仍然存在，吸引着更多的学者去探讨。

这或许是西夏的魅力所在！

西夏王陵的未解之谜

贺兰山麓水草丰美，有土的地方都会长草，而"远看土一堆，近看一堆土"的西夏王陵缘何寸草不生？

陵墓一般都有飞禽走兽出没，而西夏王陵缘何不落鸟，甚至连蚂蚁都没有？

西夏王陵地处贺兰山洪水冲击坡上，山洪暴发过无数次，为何千年来竟没有一次被洪水冲击过？

西夏王陵，随处可见"迦陵频枷"的飞鸟，象征着什么呢？

西夏王陵不建在中轴线上，墓穴不在墓堆下，又有什么特殊的寓意？

……

无数的西夏王陵之谜，有的已经解开，有的还在艰难探索，提出了种种假说。

在解答这些谜之前，我们先来说说西夏王陵被发现的历程，有三个重要的时间点不可忽视。

1936年8月，德国汉莎公司飞行员迪特·格拉夫·卡斯特尔，在中国航摄到很多自然人文景观，其中就有西夏王陵。

1970年初春，一位陕西考古工作者路过贺兰山，发现了这些高低不等的封冢，错以为是"唐墓"，向地方文物部门反映，但当时宁夏史学界和考古界对此几乎一无所知，更别说确认这片陵墓群的归属了。

1972年6月，兰州军区某部的战士在贺兰山东麓进行工程作业的时候，挖出了十几件古老的陶制品与一些有奇怪文字的方砖，便向部队首长报告。这位领导是个文化人，立即命令工程停止，并紧急上报宁夏博物馆。宁夏博物馆迅速组织考古人员进行抢救性挖掘。

这是有史以来对这片陵墓群进行的首次真正意义上的考古发掘！最终，确定了这些奇奇怪怪的"土堆"就是消失在历史长河中的古国西夏的王陵。

西夏王陵区域葬有九座帝王陵，总面积50多平方公里，西傍贺兰山，东临银川平原，地势西高东低，平坦开阔，海拔在1130米至1200米之间。

蓝天白云下，九个高耸的土堆静静地屹立在千里大漠上，犹如一个个沧桑的惊叹号，给观瞻者以极强的视觉冲击。

西夏王陵虽是仿照宋代陵墓而建，却又富于变化，建筑材料多采用琉璃构件和瓷制品。

西夏陵墓石刻，融合了唐宋的艺术风格，既沉稳厚重，又细腻严谨；既有圆雕，也有浮雕和线雕；人像雕刻的手腕、足胫处皆饰圆环；彰显出独有的民族个性之美。

西夏王陵融合了汉族文化、佛教文化、党项族文化，构成了我国陵园建筑中别具一格的形式。也正是这样的独特的形式，再加上资料的稀缺，使得西夏王陵具有很多神秘感。

首先是长草的问题。现在通常的认识是地宫之上是用蒸透了的熟土和生石灰，用米汤等搅拌后，一层一层夯实堆砌出来后，外部用琉璃瓦包裹而成。

后来，经历千年的岁月沧桑与不同时代的毁坏，西夏灭族后，也没有人来维护，外围的琉璃瓦逐渐散失，就只剩下了犹如混凝土浇筑出来的光秃秃的土堆。而土堆是掺杂了石灰的熟土，植物根本没办法生根，小动物也就没法生存了。

没有草的地方，犹如荒漠，鸟类更不喜欢石灰的味道，这就是西夏王陵草不长、鸟不落的秘密。

那么，千年的王陵为何不被洪水冲刷呢？有种说法是在建造王陵的时候，对贺兰山泄洪的地方进行了处理，将洪水沟做了有效的疏导后，还在山下与王陵之间用夯土堆砌了一圈用于挡洪分流的土墙。

西夏王陵又为何不建在中轴线上呢？墓穴为何不设在墓堆下呢？这与西夏人的信仰有关，据说是因为西夏人崇信神灵，认为正中的位置要留给神，就算是皇帝也不能僭越。

迦陵频枷，是佛教中一种歌声动人的神鸟，声音美妙动听，婉转如歌，又名美音鸟或妙音鸟，其形象多为人首鸟身。迦陵频伽是佛和西方净土的象征。

《正法念经》云："山谷旷野，其中多有迦陵频伽，出妙音声，如美迦音，若天若人，紧那罗等无所及者，唯如来音声。"

西夏是个佛国，西夏国君对佛怀着崇高的敬畏之情；王陵内外普遍装饰着迦陵频枷，似乎要告诉世人，安葬在这里的西夏君王已经回到了有迦陵频伽陪伴的西方净土。就像阿弥陀佛主宰西方极乐世界那样，他也曾经以佛的身份主宰过西夏这个令人神往的佛国。

这只是一种普遍的认识，随着西夏学的深入，王陵之谜一定会有更多的解读！

最后，赋诗一首，表达对神秘的西夏王陵的敬畏！

西夏王陵

绵延不绝贺兰山，呵护王陵山地间。

一碑一城惊世语，残垣墓塔过云烟。

铁骑滚滚席卷来，屠城灭族二百年。

大夏文明挥不去，半遮半掩露真颜。

西夏

·西夏，又称邦泥定国或白高大夏国，是中国历史上由党项族建立的王朝，主要以党项族为主体，包括汉族、回鹘族与吐蕃族等民族。因位于中国西北部地区，史称西夏。

·党项族原居四川松潘高原，唐朝时迁居陕北。因平乱有功被唐帝封为夏州节度使，先后臣服于唐朝、五代诸朝与宋朝。

·夏州政权被北宋并吞后，由于李继迁不愿投降而再次立国，并且取得辽帝的册封。李继迁采取连辽抗宋的方式，陆续占领兰州与河西走廊地区。

·公元1038年，一代枭雄李元昊称帝建国，即夏景宗，西夏正式建国。

·西夏在宋夏战争与辽夏战争中获胜，形成三国鼎立的局面。但随着金朝的崛起，在金朝灭掉辽与北宋后，西夏臣服于金朝。

·大蒙古国不断崛起，六次入侵西夏后拆散金夏同盟。西夏内部也多次发生弑君、内乱之事，经济困顿，最后于公元1227年亡于蒙古。

·1972年，考古工作者拉开了西夏陵系统考古工作的序幕，不断挖掘出大量古遗址的讯息。西夏陵独特的文化内涵，见证了西夏王朝的兴衰。

第十一章

尼雅古国——沙漠中的精绝往事

在新疆塔克拉玛干大沙漠南缘的尼雅河畔，有人发现了一座古城遗址，并从这里挖掘出很多封存了千年之久的珍贵文物，这就是尼雅遗址。专家根据竹简上的文字推断，这就是中国史籍中记载的西域36国之一的精绝国。据《汉书·西域传》记载，精绝国位于昆仑山下，塔克拉玛干大沙漠南缘。公元3世纪以后，精绝国突然消失了。精绝国是如何消失的？它为何被埋没于滚滚黄沙之中？为什么璀璨的绿洲变成了死亡的废墟？

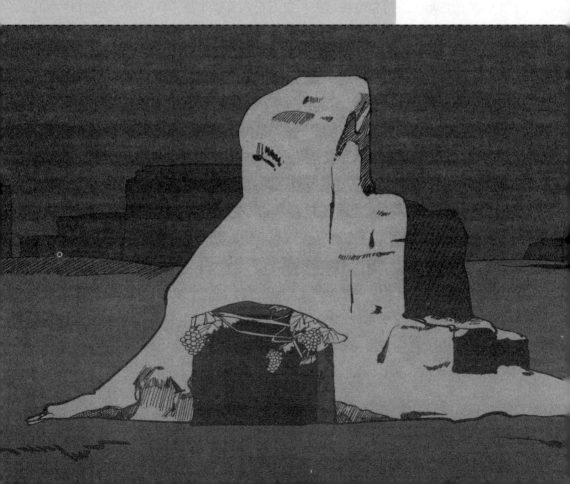

神秘的尼雅在哪儿

随着《鬼吹灯之精绝古城》的热播，一个神秘的古国跃入大众的眼帘！

精绝古城是什么城？精绝古国是什么国？

《汉书·西域传》有记载：

"精绝国，王治精绝城，去长安八千八百二十里。户四百八十，口三千三百六十，胜兵五百人。精绝都尉、左右将、驿长各一人。北至都护治所二千七百二十三里，南至戎庐国四日行，地厄狭，西通抒弥四百六十里。"

尽管小，但也是堂堂的一个国家啊！《汉书》里就记载这么一点点！怎能不让人产生神秘的联想？

还是先说说《鬼吹灯之精绝古城》吧，它讲述的是胡八一、Shirley杨与王胖子一起历经万险来到了塔克拉玛干沙漠中的精绝古城遗址寻找"鬼洞"的故事。

胡八一上山下乡来到中蒙边境的岗岗营子，带上了家中仅存的一本书——《十六字阴阳风水秘术》，闲来无事将书中文字背得滚瓜烂熟。

后来，他又参军到西藏，遇上雪崩掉落到一条巨大的地沟当中，胡八一利用自己懂得的墓葬秘术逃出生天。

复员后，胡八一和好友王胖子一起加入了一支前往新疆考古的考古队。一行人历经万险来到了塔克拉玛干沙漠中的精绝古城遗址，进入了地下"鬼洞"。洞中机关重重、陷阱不断，神秘事物一个接一个地出现。

当然，影视展示的都是想象出来的，不足为奇！那么真正的尼雅古国究竟在哪儿呢？

这又要说到一个人，一个让中国文化又爱又恨的人——马尔克·奥莱尔·斯坦因，简称斯坦因，文献中亦见"司代诺""司坦囊"等。他原籍匈牙利，是一名犹太人，1904年加入了英国籍。

这位大神可了不得，集考古学家、艺术史家、语言学家、地理学家和探险家于一身，是英国与印度所藏敦煌与中亚文物的主要搜集者，也是最早的研究者与公布者之一。

20世纪初，斯坦因翻越帕米尔高原，如愿以偿来到尼雅河流域。以广博的学问与对东方文明的痴爱，赢得了沿途清政府地方官员的好感，以至于极少有人对他的新疆之行保有警惕之心。

斯坦因偶然在市场上发现两枚写满古老文字的木牍，对古文字极度敏感的他，立刻感觉出了不寻常。斯坦因经过仔细追问，找到了木牍的发现人，并许以重金，请他领路，前往木牍的出现地。就这样，斯坦因闯入了这个尘封了十五个世纪的沙漠秘境。尼雅古城，终于要重现在世人面前了。

木牍上的古文字是佉卢文，起源于古代犍陀罗的文字，传说是由印度的驴唇仙人所创制，是印度半岛的官方文字。随着贵霜帝国不断向四周扩张，佉卢文也传入中亚，并在丝绸之路沿途的城邦及国家中广泛使用。

尼雅古城发现的大量文书，都是用佉卢文撰写的。通过这种文字，就可以走进神秘的尼雅古国。

不过，汉字很强大，简牍中、织物上，都能找到汉字的痕迹。这也说明尼雅古城是东西方文明的交汇点。

据考证，尼雅古城是汉晋时期西域"丝绸之路"南道上的一处东西交通要塞，它的位置就在新疆和田地区民丰县以北约 100 公里的塔克拉玛干沙漠南缘，尼雅河下游的尾闾地带。

尼雅遗址就在尼雅河下游的三角洲上。它以两米多高的佛塔为中心，南北长 25 公里，东西宽 7 公里，其中有寺庙、民宅、窑址、墓地、果园、林带、道路、水池等二百多处遗迹。

精绝国虽然小，但由于所处的地理位置非常重要，故而殷实富庶，成为周边各个国家争夺的目标。

唐朝的玄奘西行取经曾路过精绝国遗址，有过一段形象化的描述："媲摩川冬入沙碛，行二百余里，至尼壤城，周三四里，在大泽中，泽地热湿，难以履涉，芦草荒茂，无复途径。唯趣城路，仅得通行，故往来者莫不由此城焉，而瞿萨旦那以为东境之关防也。"

现代考察下来，尼雅遗址（古精绝国故址）是一个以东经 82 度 43 分 14 秒、北纬 37 度 58 分 35 秒（红点处）为中心的狭长地带，是新疆古文化遗址中规模最大且保存状况良好又极具学术研究价值的大型遗址之一。

公元 3 世纪以后，尼雅古国突然消失了。

尼雅古国是如何消失的？它为何被埋没于滚滚黄沙之中？为什么璀璨文明变成了死亡的废墟？

这些谜团至今还等待更有价值的文献来解释！不过，大多学者还是认为尼雅古国的消失与环境变化相关，尼雅人大肆砍伐树木，破坏生态环境，致使水源枯竭，风沙肆虐，绿洲消失，最终被淹没于茫茫沙海之下。

精绝国有哪些精绝往事

尼雅古国，在《汉书》记载为精绝国，位于昆仑山下，塔克拉玛干大沙漠南缘，接受汉王朝西域都护府统辖，国王属下有将军、都尉、驿长各一人。

看来，尼雅国被称为精绝国，的确是实至名归，小而精粹，仔细琢磨百年来考古的发现，精绝国倒是有不少的精绝往事。

其一是神秘而多元的文字。

精绝国是文化交汇点，文字是表征之一。

《鬼吹灯之精绝古城》所言的"鬼洞文"是不存在的，而是佉卢文。佉卢文最早起源于古代犍陀罗，最早在印度西北部和今巴基斯坦一带使用。后来在中亚地区广泛传播。公元 4 世纪中叶随着贵霜王朝的灭亡，佉卢文也随之消亡，就成了一种无人可识的死文字，直至 1837 年，英国学者普林谢普发现了佉卢文的奥秘。

不过，随着对尼雅遗迹的发掘，一批佉卢文、梵文、汉文等文书重见天日，说明尼雅文化是一个多种文化的集合体。

大量木质简牍的内容涉及国王的谕令、官方文件、信件、法律文书、籍账甚至文学作品和佛经等。据不完全统计，迄今为止，在尼雅出土的佉卢文简牍多达 1000 多件。

其二是做工精巧的织物。

这些至今保存完好的丝织物，大多应该来自中原，只有贵族才可能享用。

目前发现的有神奇的高领黄绢套衫、菱格绮套衫，这种套衫的领子上有系带，可能是用来防风沙的。

还有很多精美的丝织物，如"王侯合婚千秋万岁宜子孙"锦局部，"世毋极锦宜二亲传子孙"锦覆面，"长乐大明光"锦女裤，"王侯合婚"锦男裤，黄蓝方格纹锦袍，白地云气人物锦帽，精致时尚的钩花皮鞋，锦袋与帛鱼……样样都是精品！

当然，最为神奇的是"五星出东方利中国"锦护臂。

1995年，中日尼雅联合考察队发现一瑞兽纹锦，织锦呈圆角长方形，周边用黄绢缝边缀带，用以护膊。

这件千年不朽、保存完整的织锦，最为神秘的是上面绣着八个汉隶文字"五星出东方利中国"。

这件文物现藏于新疆维吾尔自治区博物馆，极具考古价值，被国家文物局列入首批禁止出境展览的国宝级文物之一。

"五星出东方利中国"是有文献记载的。《史记·天官书》"五星分天之中，积于东方，中国利；积于西方，外国用（兵）者利。五星皆从辰星而聚于一舍，其所舍之国可以法致天下"。

据学者分析，"五星出东方利中国"与现代汉语中相对应的含义不同，这里的"五星"指的是五个方位的金、土、水、火、木，"东方"是我国古代占星术中特定的天穹位置，"中国"指黄河中下游的京畿地区及中原，是一个地理概念。

"五星出东方"指五颗行星在一时期内同时出现于东方天空，即"五星连珠"或"五星聚会"现象。

"五星出东方利中国"，也就是说出现五星共见东方之天象，则对中国大为有利。

天文学者算出五星聚会的理想周期为516.33年，下一次"五星聚会"将出现在 2040 年 9 月，伴随而来的，很可能是中国再次走向辉煌。

其三是株距整齐的葡萄园遗迹。

在尼雅遗址南部的古河岸边，可以看到一座保存完好的大葡萄园遗迹，也是精绝国的精绝之处。

了不得啊，1700 多年前的葡萄根木匍匐在地，行距株距相当整齐，的确让我们看到了古精绝国的富庶与繁荣。

葡萄的种植和葡萄酒的酿造是高品质生活的享受，如此大规模地种植葡萄，说明葡萄种植业及相关产业已经是尼雅古国一项重要的主导产业。

考古现场发现的木牍中有很多关于葡萄种植、葡萄园买卖、葡萄酒酿造以及酒税管理的记载。

可以看出来，当时的尼雅古国酿酒技术相当成熟了，除了用葡萄酿酒，人们还懂得酿制其他几个品种的酒类和饮料。

我们可以想象一下，一千多年前的尼雅城的青年男女们穿着织锦丝绸在胡杨木、红柳条建造的房屋中，饱餐着烤肉，畅饮着葡萄美酒，歌声婉转悠扬，舞姿轻盈曼妙。

尼雅之雅，精绝之绝，那是怎样一个幸福的世界啊！

尼雅古国

· 20世纪初，英国人斯坦因在新疆塔克拉玛干大沙漠南缘的尼雅河畔发现了一座古城遗址，这就是尼雅古国遗址。

· 有人认为，斯坦因发现的尼雅遗址，就是史籍中记载的西域36国之一的精绝国。

· 据《汉书·西域传》记载，精绝国位于昆仑山下，塔克拉玛干大沙漠南缘，接受汉王朝西域都护府统辖，国王属下有将军、都尉、驿长等。

· 史书描述精绝国所处的环境是："泽地湿热，难以履涉，芦苇茂密，无复途径"。可以看出，当时的精绝国是一片芦苇密布的绿洲。

· 尼雅古国遗址在尼雅河下游的三角洲上，它以两米多高的佛塔为中心，南北长25公里，东西宽7公里，其中有寺庙、民宅、窖址、墓地、果园、林带、道路、水池等二百多处遗迹。

· 考古者从挖掘的木牍发现，尼雅古国有很多关于葡萄种植、葡萄园买卖、葡萄酒酿造以及酒税管理的记载。说明当时尼雅古国的酿酒技术已相当成熟，除了用葡萄酿酒，人们还懂得酿制其他一些品种的酒类和饮料。

第十二章

良渚是实证中华五千年文明史的圣地。遥远的时代，在太湖流域和钱塘江流域富庶的土地上，古良渚人依山建城，逐水而居。他们种植水稻，雕琢美玉，创造了辉煌的史前文明。不过，这样一个神秘先进的文明却在历史的某个时刻突然消失了，寻遍中国历史却找不到良渚文明的去向和踪迹。

良渚古国——神秘的中华第一古国

良渚古国是如何发现的

良渚古国是一个刷新人们认知的古国，也是让中华五千年文明更有底气的古国！历经五千年风雨，终于等到了它的知音，等来了后世子民的观瞻与敬仰。

在中国古代传说中，良渚古国作为一个城邦国家，是由创世神盘古的儿子古越族人天皇氏创立的，是迄今为止我们能够追溯的中华第一古国。

这个神秘的古国，因一座城的发现而重现天日。

这就是良渚古城，遗址位于浙江省杭州市。

要说良渚古城，有一个人是绕不过去的，他就是施昕更。

或许是天意吧，这个得上天眷顾的年轻人于 1912 年出生在杭县良渚镇。他在此地长大，自小读书就成绩优异。

可是，因为家境贫困，施昕更在小学毕业后就不得不与自己心爱的学校告别。

此时，上天再次眷顾了这个年轻人，他遇到了一位爱才惜才又仁爱的校长，经过多次努力，终于做通了家长的工作，借钱送他到杭州去读初中。

这是多么难得的机会啊，施昕更无比珍惜，发奋攻读。毕业后，他又考入浙江省立高级工业学校艺徒班，开始了半工半读的生活。

1929 年，毕业不久的施昕更迎来了自己人生的一大转折点。杭州举办第一届西湖博览会，热心的老师把施昕更推荐到博览会，他成为历史展厅的一名临时讲解员。

1929 年 11 月，浙江省立西湖博物馆成立。1930 年，施昕更凭借在西湖博览会上的出色表现，得以进入博物馆的自然科学部地质矿产组，成为一名助理干事。勤奋好学的施昕更认真地向馆内同事请教，在此后的五六年时间里潜心研究地质学，积极参加考古发掘工作。

1936 年，西湖博物馆对杭州的古荡遗址进行发掘，发现了新石器时代末期的遗址。

施昕更自然就参加了这次发掘。当他看到发掘出的几件器物时，感到似曾相识，特别是一件有孔石斧，与自己在家乡良渚见到过的特别相像。

他心里犯嘀咕：古荡和良渚出土的文物会不会有联系？

勤奋是他的品质，好学是他的动因，施昕更以一种不服输的心态，跨越知识不足与物质简陋的困难，跑回故乡良渚开始了调查，终日在田野阡陌之间奔走，寻找可以验证自己设想的文物。

执着的施昕更，进行了三次艰苦的考古发掘，获得了大量的石器、陶片、陶器等实物资料。

他把这些宝贵的资料汇集成《良渚——杭县第二区黑陶文化遗址初步报告》，并且制图一百余幅，详细介绍了发掘经过及收获，提出了颇有创见的看法。

令人惋惜的是，不久之后抗战开始，施昕更投笔从戎，任县抗日自卫队秘书，却因积劳成疾不幸英年早逝。

正是这位年仅二十八岁的热血青年，一手推开了良渚文明的大门，开启了中华文明之光，被考古界列为"良渚文明"发现的第一人！

此后，由于多种原因，良渚的考古发掘、良渚文明确证的工作陷入暂停。直到 1959 年夏鼐先生正式提出"良渚文化"的命名，良渚文化的研究才得以进入一个新阶段。

进入实质性发掘阶段要到 20 世纪 80 年代了。尤其是 1986 年良渚反山"王陵"的发掘、1987 年余杭安溪瑶山"祭坛"的发掘、1992 年以来良渚莫角山"土筑金字塔"的发掘、2006 年以来良渚古城以及外围水利工程的一系列突破。

尤其是 2007 年 10 月 29 日，一个东西 1600 至 1700 米，南北 1800 至 1900 米，总面积约 300 万平方米的四面围合的良渚古城的重现世间，为研究良渚遗址群 130 多处遗址的整体布局和空间关系提供了新的资料。

这些突破性发掘，揭开了尘封五千年的良渚文化的神秘面纱，"良渚王国"由宫城到王城到外郭，再到外围水利工程的轮廓重现天日。

良渚古城的考古发现，被评为 2007 年度全国十大考古新发现。

2019 年 7 月 6 日，良渚古城遗址获准列入世界文化遗产名录。

著名考古学家严文明曾讲过一句耐人寻味的话："良渚的考古，从一开始就不是挖宝。"

不是挖宝是什么？是一种证明。证明中华五千年的文明古国是真实存在的。

正是因为有了这样一种信念的引导，一代代为良渚文化奔走呼号的良渚"赤子"，把自己的青春甚至生命都献给了良渚，成为良渚文化保护传承的独特注脚。

中华五千年文明的实证圣地

晚清学者梁启超以《五千年史势鸟瞰》，为中华文明的长度，做了一个五千年的注脚。

这个百年来的注解，一直遭到不同区域学者的质疑！

迄今为止，仍然有一些学者认为，中国作为四大文明古国之一，欠缺必要的物证。

因为以前出土的文物最远是殷商时代的，殷商时代，离现在也就三千年左右，何来五千年文明古国之说？

直到良渚古城遗址重现，我们才真正有底气说：中国是世界上当之无愧的五千年的文明古国，是完全可以与古巴比伦、古埃及、古印度文明并列的文明高地。

一座被誉为"中华第一城"，面积达300万平方米的良渚古城，足以让人自豪。

国家与地方政府高度重视这一发现，将之纳入中华文明探源工程，并成立了专家团队，进行实物发掘与理论研究。

考古现场表明，古城面积达1433.66公顷，遗址类型包含了城墙、墓葬、祭坛、宫殿、水系、水坝等丰富遗存，历经5000年沧海桑田，它仍完整地保存至今。

研究表明："巨型都邑、大型宫殿基址、大型墓葬的发现表明，早在夏王朝建立之前，一些文化和社会发展较快的区域，已经出现了早期国家，进入了古国文明的阶段。"

尤其是良渚文化历年来发现了大量的史前刻画符号，引起学术界广泛关注，一些学者认为当时已经存在文字，甚至是商周文字的前身。

据测量，古城城垣、外城以及水坝坝体，再加上古城城内南北 400 米、东西 600 米的莫角山高大堆筑台基的土方量，总计约 1100 万立方米。

这是一个怎样巨大的工程啊！若每天 1000 人参加劳动，日夜不息，整个工程需要连续建造 110 年，也有学者认为需要 300 年。

那样的时代，那样简陋的运输与建筑工具，何其艰难！在目前可考据的文物城市中，不愧为"中华第一城"。

良渚古城有着如下特征：宫殿区规模庞大，玉器精美世所罕见，城市体系完善，稻作农业发展程度高，堤坝系统世界最早，符号系统丰富多彩……

如此巨大的影响力，终于在那一天走向了世界——2019 年 7 月 6 日，在第 43 届世界遗产大会上，中国的良渚古城遗址成功列入《世界遗产名录》。

这一重磅消息，刷新了国际上对于中国古代文明的认知。顷刻间，全球的目光聚焦中国，聚焦良渚，这个实证中华 5000 多年文明史的圣地。

中华文明探源工程首席专家、北京大学考古文博学院原院长赵辉先生对良渚文明做了总结：

探源工程从开展到现在，已经确认或者可以判断出，在 5000 年前，以良渚文化、良渚文明为代表，中国在黄河流域、长江流域这个大范围里面，一些地方率先进入文明阶段，有了自己的国家。而以此为起点，一直到距今 3800 年左右，在 1000 多年的时段里，各个地方的社会分别建立了自己的国家，步入了文明。

良渚的玉器有多精美

良渚文明的惊艳现世，让人想入非非，想象那个时代的江南古良渚人，生活安定且文明初现，是怎样的田园牧歌？

否则，怎么能够制造出如此精美的玉器？怎么能够培育出水稻？怎么能够建造出文明程度如此之高的城垣？

想必，他们的生活是惬意的；想必，他们的生活也是艰难的。大家临水而居，艰辛而充实，安定而和谐！

安定后的生活，自然需要精神的营养，古良渚人的精神价值表现在对于美玉的神秘化与艺术化追求！

古良渚人如此爱玉，制作出那么多精美的玉器，不能不让人浮想联翩！

古人好玉，是有文化明证的！除孔子言之"君子如玉"外，还有"君子无故，玉不离身""君子如玉，触手也温"。

《国风·秦风·小戎》里有"言念君子，温其如玉"。

《易经》第十五卦中有"谦谦君子"，以及"情深不寿，强极则辱，谦谦君子，温润如玉"。

许慎说："玉，石之美。有五德：它润泽以温，仁之方也；鰓理自外，可以知中，义之方也；其声舒扬，专以远闻，智之方也；不挠不折，勇之方也；锐廉而不技，絜之方也。"

文化的传承是连绵不绝的，这是玉的文脉，无论如何与古良渚人好玉之德不无关联；当然，这条文脉的流转肯定是曲折多变的。

考古发现，良渚玉器种类繁多，品类之盛，令人目不暇接。

有冠形器、玉琮、玉璧、玉璜、玉带钩、玉钺、锥形器、手镯、圆盾形器、玉玦、各种动物造型、管珠等。

而令人惊诧的是商周时期出现的玉礼器玉琮、玉钺、玉璧，在古良渚国就已经很有体系地使用了。

当然，三者中最为珍贵，也是最为重要的是玉琮。因为以玉琮为代表的礼器是礼制的开始，它的神徽是良渚人信仰的明证，它的刻画符号及文字，是当时之世文明信息的传递。

《考工记·玉人》："琮形八角，径八寸，角各出二寸。"

《周礼》："以苍璧礼天、黄琮礼地。"

让人惊叹的是，大英博物馆藏良渚的"千层玉琮"，高达 49.5cm，竟然有 19 节。

乾隆帝也是玉琮迷，还为一只良渚文化的玉琮制作了景泰蓝内胆和盖子，并在上面题写了"釭头曰汉古于汉，入土出土沧桑更"的诗句。

玉琮的基本形制为内圆外方，是沟通天地之间的媒介；外方象征地，内圆象征天，中孔穿的柱子为天地柱，象征天地之间的贯穿，琮上的兽面纹就是巫师的蹻，巫师乘兽蹻以此通天人之际。

古良渚人，要雕琢一件玉器可不是一件易事，首先是玉石本来难觅，其次是需要技术与时间精雕细琢，方能成型。玉易碎，那个时代也没有现代的各类工具，要靠纯粹的手工雕琢出来那么精致的成品，其难度无法想象。

而且，图腾时代，玉器上要雕刻各种神像，并没有现成的模板，纯粹靠匠人的想象为之！

玉器上的纹饰的主要表达方式为阴刻线，这些线条繁而不乱，有的极其细密。透过放大镜发现，古良渚人竟然能在一毫米的范围里，刻画出四五道线条匀称流畅的曲线，这种精细入微的琢玉技术，考古学家至今还无法还原，真可誉为"中国第一微雕"。

良渚古玉如此精美，自然成为历代权贵的收藏精品！也唯其精贵，才会出现仿制品。据考证，良渚古玉的仿制品在宋代就已经出现，故宫博物院就藏有一件宋仿的神人兽面纹良渚式玉琮。

世界权威考古学家、英国科学院院士、剑桥大学教授科林·伦福儒这样高度评价良渚的玉器：

良渚遗址出土的玉琮、玉璧带有明显的象征意义，表现出一种文化的交流和联合，是具有共同观念的文化联合体形成的标志，很大程度反映了当时社会的复杂程度和阶级制度，已经达到了"国家"的标准，这就是中国文明的起源。

良渚文明的去向和踪迹

良渚是实证中华五千年文明史的圣地。遥远的时代，良渚国的人民安静而诗意地生活在太湖流域和钱塘江流域富庶的土地上，种着水稻，吹着和风，稻花香里说丰年，富裕的物质生活，能够孕育出一批又一批的匠人，专门从事建筑与雕琢。

年复一年，岁传一岁，创造出了美丽神奇的良渚文明。

考古学家严文明说："中国文明的曙光是从良渚升起的。"

可是，如此浪漫而又神秘的文明，却在历史上的某个时刻突然消失了！浩渺的中华典籍，缘何没有记载良渚国的去向和踪迹？

有学者认为，朝代的断代应从此改写——由认为的最早朝代为夏、商、周，改成良渚。

对于这样的见解，严文明教授的看法比较有代表性，他认为良渚文化没有消亡，而是在历史的进程中，逐渐发展继承了下来，并且明显影响着以后的夏、商、周时代，如商周的青铜器上就有一些良渚玉器上的花纹。

中华文明之火是绵延不绝的，这是不容置辩的，只是需要我们探究文明延续的路径。

古良渚国，开启文明之火，并且辐照中华大地！

"国"字的外框就是城墙，有了城墙，就不是简单的氏族社会自然形态的聚居了，而是有了文明社会的微光。考古发掘到了莫角山周边的城墙，表明古良渚国已经进入了文明社会。

据目前考证研究，良渚文明距今 5300 年至 4000 年，后良渚文明与河姆渡文明融合，转化为巢湖凌家滩文明。

良渚文明的分布主要在太湖流域，包括余杭良渚这里，还有嘉兴南、上海东、苏州、常州、南京一带；再往外，还有扩张区，西到安徽、江西，往北一直到江苏北部，接近山东……

可以看出，当时"良渚"势力占据了半个中国，如果没有较高的经济文化水平，是不可能做到的。

良渚时代，中国大地上发现的古城有 60 多座，小的只有 10 多平方米，大的为 280 万平方米，面积达 290 万平方米的良渚古城是最大的。

那个文明初显的时代，余杭的莫角山下筑成了统治天下王城，住着统治整个良渚时期的"王"。

良渚古国玉器上有一个非常神秘的图案不断地反复出现，这个图案的形态特别像一尊英武的战神，不由得使人联想到好战的蚩尤。

典籍上记载蚩尤部族中有一支首领叫九黎的大部落联盟，它的分布范围包括了良渚文化的所有地域，因此，强悍的良渚人应该就是九黎族中的一支。

九黎族中有一支叫羽人或羽民的，他们信奉鸟、兽，把它们当作祖先；良渚文化中玉器上的神秘图案下部分似乎也像鸟、兽。

这样的一种冥冥之中的关联，随着良渚文化横空出世而变得更加扑朔迷离。古良渚人去了哪里？随洪水消亡了，还是被外族入侵了？是移民到北方了，还是远洋出海了？

新的世纪，考古学界又有了新的见解，良渚文化的发展逻辑更加清晰，学者们把环太湖流域建成了文化链条——"马家浜文化—崧泽文化—良渚文化—钱山漾文化—广富林文化—马桥文化"。

由此，从崧泽文化、凌家滩文化、红山文化的文明曙光，到"良渚时代"的文明实证，再到"龙山时代"陶寺古城、石峁古城等城池的林立，再到二里头、殷墟、周原，中国文明的发生和早期发展有了清晰的、切实的线索。中华五千年文明史的序幕，远比我们想象的要精彩。

不过，至今依然有很多的困惑成为历史之谜：良渚人的祖先是谁？良渚玉琮是怎样远走至南越王墓、三星堆遗址、金沙遗址、殷商妇好墓的？良渚时代，中国与世界上各具特色的如满天星斗的文明之星火，是怎样互相碰撞的？

良渚古国

· 良渚古国在中国古代传说中，是由创世神盘古之子古越族人天皇氏创立的一个城邦国家，是迄今为止我们能够追溯的中华第一古国。

· 良渚古国定都于今浙江杭州良渚古城。并分别于今河南洛阳、山东日照两城镇遗址、淮河流域、湖南九嶷山及山东琅琊古城等地设立陪都。历时5320年（前9984—前4664年）。

· 良渚古城的考古发现，被评为2007年度全国十大考古新发现。2019年7月6日，良渚古城遗址获准列入世界文化遗产名录。

· 一座被誉为"中华第一城"，面积达300万平方米的良渚古城，足以让人自豪。因为良渚遗址的发现，使杭州建城史又向前推进了近3000年。

第十三章

西南山地，有一个少数民族依朗山、夜山而居，世人便以两座山给部族起了名字，叫作夜郎。直至西汉后，人们方知西南有一夜郎国。一句"汉孰与我大"引得后人纷纷猜测，认为夜郎国最终灭亡是因其自大，却不知另有真相。

夜郎古国——汉孰与我大

夜郎古国前世今生

一个成语，让人记住一个国家，可能只有夜郎古国了。

据考证，古夜郎国在贵州桐梓一带，应该是西南比较早的少数民族国家之一。夜郎国最早出现在史籍上，大约是在战国时期，楚顷襄王派庄蹻通过黔中郡开始西征，溯沅水而上，向西南方向扩张，史籍记载是"且兰既克，夜郎又降"。

这个庄蹻可了不得，他是楚庄王的后代，战国时期楚国的将领。他是有史料记载的中国内地第一个开发云南边疆的历史人物，将楚国的先进文化和生产技术带到滇池地区，加速了当地社会和经济的发展，为秦、汉时期在云南设置郡县创造了条件。

追溯一下，夏、商时，夜郎地属百濮。《国语·郑语》云："楚蚡冒始启濮。"又有《史记正义》载："濮在楚西南。"那时的楚国最初是在濮地建立起来的，渐渐地楚人迁徙到现今的荆楚地区，建立强大的楚国，后来就出现了古夜郎国。

夜郎古国的神秘之处还在于起源，民间口口相传着一个神秘的故事。

当地有一位女子在河边洗衣服，突然发现了一根竹子，怎么推也推不走。

女子很好奇，把竹子捞上岸，很沉的竹子里竟然躺着一个孩子。孩子开口就叫她"妈妈"，女子既爱又怜，就把孩子抱回了家。

孩子慢慢地长大了，成为一个顶天立地的男子汉。他有着非凡的天赋，凭着自己的聪明才智迅速崛起于西南，并统一了各民族，成为夜郎的第一位国王。

虽然这是个传说，但你还别不信，《夜郎史传》开篇即说："武僰夜郎根，夜郎僰子孙，夜郎竹根本，夜郎水发祥。"

竹王传说在西南地区流传很广，保存此传说的民族众多，现在一些少数民族仍然以竹为图腾，崇拜竹子，与这一传说不无关系。至今侗族年轻人还把自己心仪的人称作竹。

竹王的确为夜郎古国做了不少好事，老百姓心里惦记着他，后代便以"竹"字为姓，"竹崇拜"也成了夜郎的象征。

夜郎古国是一个相对比较强大的奴隶制君主王国，自国王即位之初，夜郎便和周边小国一起与周朝建立了同盟关系。

近现代考古发现，贵州省长顺县的广顺镇，可能就是古代夜郎文明的中心，在郎山西侧的山脚下发掘出了各种各样的稀有文物，找到了许多古代夜郎墓。

当然，古夜郎的属地也有争议，有学者认为沅陵在很长一段时间内都是夜郎古国的文明中心。

《夜郎史传》则认为，夜郎的中心名为"可乐"，考古学家还在可乐这一地区发现了大量战国、西汉、东汉时期的文物。如今，生活在可乐的彝族、苗族、布依族等少数民族中，彝族是最多的。

其实，夜郎没有一个固定地点，是不断变化的。

这个神秘的古老王国，大致起于战国，至西汉成帝和平年间，前后约三百年，之后便神秘消失了。

夜郎灭国三百多年后，西晋王朝在今贵州北盘江上游地区设置了一个夜郎郡，就是今贵州省桐梓县的夜郎坝，一直存续了二百多年，至南北朝时被废掉。

到了唐朝，在"我寄愁心与明月，随风直到夜郎西"的诗句中，李白所说的夜郎，是唐玄宗天宝年间在今贵州桐梓一带所设的夜郎郡，时间上距夜郎灭国已有七百多年。

宋代也短时间在湖南新晃设定过夜郎县，这是历史上最后一个叫夜郎的县名。

夜郎自大的是与非

《史记·西南夷列传》载："滇王与汉使者言曰：'汉孰与我大？'及夜郎侯亦然。以道不通故，各自以为一州主，不知汉广大。"

这大概是夜郎自大的最初来源了。

公元前122年，汉武帝为寻找通往印度的通道，曾遣使者到达今云南的滇国。期间，滇王问汉使："汉与我谁大？"后来汉使途经夜郎，夜郎国君也提出同样问题。

同样的问题，只是不同的人、不同的时空，世人便把狂妄无知、自负自大的帽子扣在夜郎王的头上。

为了把这个帽子做实，民间还流传着一个故事。

说夜郎王与大臣巡视国境的时候，王指着前方问道："这里哪个国家最大呀？"

大臣们善于揣摩圣意，齐呼："大王，当然是夜郎国最大！"

走着走着，王指着眼前的一座高山问："天底下还有比这座山更高的山吗？"

大臣们齐声回答："天底下没有比这座山更高的山了。"

后来，夜郎王问什么，大臣们就顺着王的话说什么。

按照这样的逻辑，夜郎王相信夜郎是天底下最大的国家也就不足为奇了。

后来，就有了汉使者的到来，出现了"汉孰与我大"的千古笑话。

其实，夜郎还真不是自大，也确实蛮大的！在史料的记载中，夜郎是由贵州的一个农耕民族建立的，军队最多的时候，甚至有10万精兵。夜郎国凭借实力统一了周边小国，建立了比较强大的政权，而且这个政权存在了300年左右，怎么能说小呢？

《史记·西南夷列传》记载："西南夷君长以什数，夜郎最大。"可见夜郎与大汉朝相比当然小了一些，但在西南地区众多的小国或者部落里面，也绝对称得上是地区一霸，实力不容小觑。

古夜郎国的经济繁荣，生活富足；处在古代海上丝绸之路，占有非常重要的位置，商贸非常发达，巴、蜀以及中原之地的物产就是通过夜郎国而转向印度、东南亚等地，之后再流向地中海国家。

另外，夜郎国有丰富的黄金、白银等矿产资源。

无论是地理位置、经济地位，还是军事实力，夜郎国无疑都是西南区域最大最强的国家。

当然，夜郎国地处偏僻的西南之域，崇山峻岭、江河沟壑，因交通不便和中原地区的交流较少，不知大汉实属正常，却因一句问话而被鄙视，背了那么久的黑锅。

不过，故事归故事，我们不能当作历史。故事是给人启发的，"夜郎自大"还是给我们警醒，任何人的认知都有局限，我们千万不要躲在狭小的天地里闭关自守，妄自尊大；我们要多去了解外界的新事物，多接受别人的新经验，才能不断向前！

事实证明，在生活中，见识越广的人越懂得谦虚，而见识越短浅的人反而越盲目自大。

第十三章 夜郎古国——汉孰与我大

夜郎古国神秘在哪儿

夜郎古国经历了武米、洛举、撒骂、金竹四个历史时期，武米时期又分为采默、多同、兴夜和苏阿纳四个阶段。

据说，从国王采默即位开始，以夜郎为首，联络周边小国建立起联盟，统一发号施令。

其间，夜郎王金竹统治时期是最强盛的时期，也是夜郎国向封建社会过渡的时期。

汉武帝开通西南后，给夜郎国的君主赐金印，封为王。汉成帝河平年间，夜郎王兴同胁迫了周边的 22 个邻国一起反叛汉王朝，被汉使陈立所杀，夜郎国也随之覆灭，前后约 300 年。

至此，夜郎古国像明珠一样闪耀却又扑朔迷离，又像一滴水突然就蒸发了，仿佛在一夜之间就从中国的历史中消失了，留给了后人无限的想象空间。

那么，神秘的夜郎究竟神秘在哪儿呢？

存在那么久的一个西南大国，所记录的文字寥寥无几！这是文化的神秘。

萌生于竹子，崇拜竹子。这是起源的神秘。

几千年前的尸体就静静地躺在墓中，头上有鼓形铜釜套于头顶，四肢上也或多或少套有铜洗。这是丧葬的神秘。

此外，夜郎国更有一种诗意的神秘。李白听到好友王昌龄左迁龙标（今湖南怀化黔阳县）的消息后，就曾写了首表达对王昌龄怀才不遇的惋惜与同情的著名绝句：

闻王昌龄左迁龙标遥有此寄

[唐]李白

杨花落尽子规啼，闻道龙标过五溪。

我寄愁心与明月，随风直到夜郎西。

没曾想，6年后，李白竟然被贬谪到比龙标更遥远的夜郎。李白是幸运的，不久就遇到大赦，59岁的李白又重获自由。国家不幸诗家幸，身处飘零的李白写了一系列与夜郎相关的诗歌。

南流夜郎寄内

[唐]李白

夜郎天外怨离居，明月楼中音信疏。

北雁春归看欲尽，南来不得豫章书。

流夜郎永华寺寄浔阳群官

[唐]李白

朝别凌烟楼，贤豪满行舟。

暝投永华寺，宾散予独醉。

愿结九江流，添成万行泪。

写意寄庐岳，何当来此地。

天命有所悬，安得苦愁思。

流夜郎至西塞驿寄裴隐

[唐]李白

扬帆借天风，水驿苦不缓。

平明及西塞，已先投沙伴。

回峦引群峰，横蔽楚山断。

砯冲万壑会，震沓百川满。

龙怪潜溟波，俟时救炎旱。

我行望雷雨，安得沾枯散。

鸟去天路长，人愁春光短。

空将泽畔吟，寄尔江南管。

 小档案

夜郎古国

· 夜郎国，是中国西南地区由少数民族的先民建立的第一个国家。

· 夜郎国被记述的历史，大致起于战国，至西汉成帝河平年间，夜郎王兴同胁迫周边 22 邑反叛汉王朝，被汉朝牂牁太守陈立所杀，夜郎也随之被灭，前后约 300 年。

· 司马迁《史记·西南夷志》中记载："西南夷君长以什数，夜郎最大。"西南夷在历史上泛指云贵高原的民族，夜郎文化便是西南民族的代表。

· 夜郎古国的具体位置，史籍记载都很简略，只说："临牂牁江"，其西是滇国。牂牁江是汉代以前的水名，今人根据其向西南通抵南越国都邑番禺（今广州）的记载，考订为贵州的北盘江和南盘江。多数人认为，夜郎国的地域，主要在今贵州的西部。

· 唐朝大诗人李白有"我寄愁心与明月，随风直到夜郎西"的诗句，这里所说的夜郎，是唐玄宗天宝年间在今贵州桐梓一带所设的夜郎郡，时间上距夜郎灭国已有七百多年。

第十四章

孤竹国之谜，存世千载；孤竹二君，采薇首阳山。世事沧桑，群雄更迭；这个神秘的冀东古国，曾经雄霸冀东，终究归于一抔黄土，随历史烟云，消散无踪。

孤竹国——
外侮需人御，将军赋采薇

孤竹国从哪里来

很多消失的古国，都是因考古发掘而重现于世。

1973 年，在辽宁省喀喇沁左翼旗蒙古族自治县北洞村，伴随着一批青铜器的出土，一个消失了三千多年的古国出现在研究者的视野中。

其中一件有铭涡纹铜罍，上面的铭文经考证为"父丁，孤竹，亚微"，大意是孤竹国国君为其父所做的礼器罍。而孤竹原为子姓，是商朝的同姓诸侯国。

"孤竹"亦作"觚竹"，最早见于殷墟甲骨文和商代金文。很多典籍对这个国家都有记载。

《尔雅·释地》言："觚竹、北户、西王母、日下，谓之四荒。"

《水经注·濡水》载："玄水又西南迳孤竹城北，西入濡水。"

《永平府志·世纪》言："汤十有八祀，三月，王至东郊，立禹后及古圣贤有功者之后，封孤竹等国。"

普遍认为，孤竹国存续了 940 多年（约公元前 1600 年—公元前 660 年），距今 3600 余年，在当时是礼仪、文明之邦。

研究表明，孤竹国原是北方一个位于商朝边境的小国，原为商先族旁支墨胎氏氏族，商部落迁回南下中原时，逐渐与部落联盟分离，开始独立生存。

后来因为部族之间的矛盾，辗转于古幽燕地区，发展至农牧并举阶段，开始定居在今辽宁朝阳地区，后被商汤封为诸侯国。

商代中叶，孤竹国在滦河流域建立都城。在滦河中下游，有多处孤竹生活遗址的考古发现，都为典型的商代半地下居室。

周灭了商纣之后，孤竹国作为商代北方的大国而独立存在，依旧忠于商朝。

此后出现的孤竹二君至死不食周禄，就是与新建的周朝进行的软抗争。

但是，西周也有办法对付孤竹国，在其西部建立了燕国，管控孤竹及其北方属地和方国。

此后的孤竹国也就名存实亡，势力范围逐渐被压缩于燕南地区。

公元前664年，山戎出兵攻打燕国，燕国实力不支，岌岌可危，只好向齐国求援。一代霸主齐桓公岂能让山戎得逞，带上管仲，亲自率大军出征，前去拯救燕国。

这件事《国语·齐语》有记载："齐桓公遂伐山戎，击令支，斩孤竹而南归。"

这次行动，不仅打败了山戎，救了燕国，还灭掉了孤竹国。至此，孤竹国就在史书上消失了。

总体看来，孤竹国兴于殷商，衰于西周，亡于春秋，对我国东北地区的文明发展还是有很大贡献的。

孤竹国雄踞冀东近千年，是商朝在北方的强大藩屏，保证了商朝北方的安宁，也为弘扬殷商文化，加强北方与中原地区文化融合和北方各民族交流，促进古幽燕地区的政治、经济、文化发展，发挥了不可替代的作用。

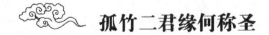

孤竹二君缘何称圣

一个国家，能流传千古，主要还是靠伟大的人物！

孤竹国的伯夷、叔齐当是也！

司马迁也是伯夷、叔齐的粉丝，专门为其列传。

《史记·伯夷列传》里说，孤竹国国君在世时，想立叔齐为王位的继承人。问题是，叔齐是个讲礼仪的人，他觉得王位应该由长兄伯夷来坐；而伯夷又是大孝子，严格执行父亲的遗嘱："你当国君是父亲的遗命，怎么可以随便改动呢？"

推来推去，为了实现父亲的遗命，伯夷干脆逃走了。可叔齐不干了，也跟着逃走了。最后，没有办法，孤竹国君的二儿子继承了王位。

不过，伯夷、叔齐还是一对好兄弟，他俩一起隐居在渤海之滨。后来，世人都传说听说西岐的周族不仅强大，而且政治清明；他们的领袖周文王品德高尚，礼贤下士，求贤若渴。伯夷、叔齐非常渴望见见这样的君主，于是长途跋涉来到周的都城岐山。

他们到了西岐，看民风也的确不错；可是，令他们感到意外的事情是，周正在积极备战，而且是要讨伐商朝。兄弟俩非常失望，感觉是来错了地方。

当周武王带着其父周文王的棺材，率领大军，战旗猎猎，气势如虹地前去伐纣时，伯夷、叔齐再也忍不住了，不顾一切地拦住武王的马头，嚎啕大哭地进谏："父亲死了不埋葬，却发动起战争，这叫作孝吗？身为商的臣子却要弑君，这叫作仁吗？"

武王沉默不语，周围的人急了，要杀伯夷、叔齐；一直在观望的统军大臣姜尚立即制止了，并且说："这是两个讲道德的人。"并命令将士不要为难他们。

当然，这场战事的结局是周武王灭了商纣，成了天下的宗主，开创了一个新的时代。

伯夷、叔齐忠于商朝，无论如何也接受不了新的朝代，感觉归顺周朝是件羞耻的事情。并且，为了表达气节，兄弟俩不吃西周的粮食，隐居在首阳山，餐风饮露，采薇而食。

周武王敬佩其人格，专门派人去请他们，许以高官厚禄，可他们拒绝听，感觉这些话会使他们的耳朵受到污染。

这样的日子也算是安稳的日子，直到有一天，一位妇人说了这样一句话："子义不食周粟，此亦周之草木也。"这番话使兄弟俩非常羞愤，便唱着《采薇》歌绝食而死了。

采薇歌

伯夷　叔齐

登彼西山兮，采其薇矣。

以暴易暴兮，不知其非矣。

神农虞夏，忽焉没兮。

吾适安归矣。

吁嗟徂兮，命之衰矣。

人们感其气节，将他们葬于首阳山。

这段经历，《史记》是有记载的："武王已平殷乱，天下宗周，而伯夷、叔齐耻之，义不食周粟；隐于首阳山，采薇而食之。"

历代对伯夷、叔齐推崇备至，称其二人为"二贤人""二君子"，唐代的韩愈、柳宗元都曾撰文称颂。

不过，也有持不同看法的，西汉东方朔认为这兄弟俩是"古之愚夫"，认为"贤者居世，与之推移，不凝滞于物"。

我们觉得，伯夷和叔齐为了坚持自己的立场，宁愿饿死也不吃周朝的粮食，最后饿死在首阳山上，这种坚持原则的精神值得我们尊敬与学习，但是，在现实生活中，我们除了要有气节外，也要适当掌握变通的技巧，分清楚事情的轻重缓急。

现在，"不食周粟"浓缩成了一个表现中华民族精神的成语，被后世的作家引用：

老舍《四世同堂》：他晓得，被日本人占据了的北平，已经没有他做事的地方，假若他一定不食周粟的话。

鲁迅《故事新编·采薇》：这是沿路讨来的残饭，因为两人曾经议定"不食周粟"，只好进了首阳山之后开始实行。

孤竹国

·孤竹国是殷商时期在河北东北部和辽宁西部地区一个重要的诸侯国，其文化与殷商文化有着重要联系，是我国古代北方的著名古国。

·孤竹，亦作觚竹，最早见于殷墟甲骨文和商代金文。普遍认为，孤竹国存续了 940 多年（前 1600 年—前 660 年），距今 3600 余年，在当时是文明、礼仪之邦。

·孤竹国政权在今河北省卢龙县附近。《括地志》记载："孤竹故城在平州卢龙县南十二里，殷时诸侯孤竹国也，姓墨胎氏。"《水经注·濡水》又引《地理志》曰："卢水南入玄。玄水又西南径孤竹城北，西入濡水。"玄水即青龙河。

·商末周初，纣王无道，孤竹国因"辟纣"而被迫北迁至辽西喀左一带，为中原文化和东北少数民族文化的沟通和交流起到了积极的作用。

·公元前 664 年，山戎出兵攻打燕国，燕国实力不支，求救于齐国。一代霸主齐桓公亲率大军出征，前去救燕。据《国语·齐语》记载："齐桓公遂伐山戎，克令支，斩孤竹而南归。"至此，孤竹国在史书上消失。

第十五章

大夏国——匈奴族最后的草原狂想曲

在浩瀚的漠北草原，匈奴可谓苍狼，以金戈铁马书写了一段长达数百年的精彩历史。大汉王朝后的匈奴沉寂了数百年，直至另一位枭雄出现。匈奴后裔赫连勃勃戎马一生，起于战，终于乱，在草原上建立了匈奴的最后一个政权，他们用手中的刀剑，弹奏出最后的草原狂想曲！

铁血大夏国的源流

中国古代以"夏"为国号的政权颇多。首先自然是夏朝了，那是中国历史上的第一个朝代，同期没有其他国家。隋末窦建德建立夏国，同期的国家有：隋、唐、郑等。党项人李元昊建立西夏，同期的国家有：北宋（南宋）、辽、金、蒙古帝国。

还有元末农民起义将领明玉珍建立的夏国，后来被朱元璋的部队灭掉了。

当然，这里讲的"夏"是十六国时期的夏政权，为赫连夏，匈奴人赫连勃勃建立的政权，史称"胡夏"。

"赫连勃勃"何许人也？匈奴铁弗部左贤王刘卫辰与前秦宗室公主符氏之子。

看到这里你可能会问，为什么赫连勃勃的父亲叫刘卫辰？父子二人的姓氏为什么不同呢？其实，他们都是匈奴的后裔，匈奴的本姓并不是刘，只是因为汉高祖把宗室的女儿嫁给了冒顿单于，匈奴人才跟着姓刘的。勃勃原本也跟随父亲姓刘，就叫刘勃勃。只是在称帝之后，他感觉姓刘是一种耻辱，就把"刘"这个姓改为了"赫连"，意思是天子的显赫地位与天紧密相连。

当赫连勃勃还叫作刘勃勃时，父亲刘卫辰的部落被北魏国主拓跋珪消灭，十岁的刘勃勃死里逃生，归顺了后秦皇帝姚兴。众所周知，大难不死必有后福！但是，他这个"福"有点特别。刘勃勃竟然靠袭杀他的岳父高平公没奕于起家，兼并了其岳父的军队物资，后自号天王、大单于，国号大夏，改姓赫连，年号龙升，定都统万城，率兵征战四方，建立了相对强大的地方政权。

回溯历史，五胡十六国时期，刘勃勃的曾祖父刘虎、祖父刘务桓、父亲刘卫辰打下了一片天空，为其日后称王奠定了基础。

不过，刘勃勃的确非等闲之辈，他身形魁梧又多才善辩，其父创建的代来城失陷后，他亡命投奔薛干部帅太悉佛。

但是，不久魏太祖拓跋珪于393年南征太悉佛，进兵攻下三城而屠之，刘勃勃因得太悉佛族侄阿利的救助才得以逃命到后秦高平公没奕于麾下。没奕于爱其才干，把女儿嫁给了他。

刘勃勃时来运转，加上聪慧而善辩，处处讨好岳父大人，深得信任，感觉是天赐"济世之才"，又加上是自己的乘龙快婿，还有什么不放心的呢？

正是因为这层关系，刘勃勃很快得到了后秦皇帝姚兴的赏识，被封为骁骑将军，奉车都尉，参与朝政；进而封安远将军、阳川侯，协助其岳父没奕于镇守高平（今宁夏固原），后又镇守朔方。

这样的做法没有错，可是刘勃勃实在太狡猾了，姚兴偏偏碰上这么一个忘恩负义又极其残暴之人。

到了朔方不久，正赶上河西鲜卑族向姚兴进贡了8千匹战马，刘勃勃扣留了这些本应献给皇帝的战马，当成了自己的军备。他觉得皇帝不会放过自己，就决定先下手为强。

公元406年，刘勃勃率其众3万余人以到高平打猎为名，攻杀其岳父没奕于，收编了岳父的所有精锐部队。

公元407年，刘勃勃反叛后秦，起兵自立。他称大单于，大夏天

第十五章　大夏国——匈奴族最后的草原狂想曲

王，年号龙升。此后，好战的刘勃勃开始四面突击，不断扩大着自己的版图。

公元413年，刘勃勃改元凤翔，在朔方水北、黑水之南营建都城，取名为统万城，寓意"统一天下，君临万邦"。这时他的势力已经比较强大，定都后重用后秦降将王买德为谋士，设置了百官、衙署，建立了健全的国家制度，开始谋求稳定的发展。

同年，他下令对匈奴的姓氏进行改革，将自己的"刘"姓改为"赫连"，将非嫡系的宗室支族姓改为"铁伐"，意思是夏国的宗族子孙"刚锐如铁，皆堪伐人"。

公元418年春，赫连勃勃登坛灞上（长安城东灞水），即皇帝位，改凤翔六年为昌武元年，追封父、祖、曾祖为桓、宣、景皇帝，实现了自己多年的皇帝梦！

同年秋，回到故都统万城，凯旋时值宫殿落成，赫连勃勃大喜，于是大赦改元。

赫连勃勃在夺取了长安之后，夏朝疆土南界秦岭，东戍蒲津，西收秦陇，北薄于河，国势达到全盛。

坐稳了江山的赫连勃勃，本性渐渐显露出来了。极端残暴，嗜杀戮，视民如草芥，搞得人人自危，忠良卷舌，人心尽丧，儒士寒胸，军将失信。

出来混总是要还的，晚年的赫连勃勃更加昏聩，听信谗言，废长立幼，导致儿子之间的相互残杀，令亲者痛仇者快，国内大乱。

赫连勃勃后悔莫及，闻讯后悲愤不已，却亦无可奈何。这次太子之争令夏朝大伤元气。

不久，赫连勃勃在悲愤中离世，其二儿子赫连昌继位。

但好日子并没有过多久，第二年，北魏就攻取了长安，统万城自然处于危机之中，公元 427 年统万城守将投降。次年安定城被攻陷，赫连昌被俘。

不过，大夏还在挣扎，赫连昌的弟弟赫连定在平凉称帝。又过了四五年，赫连定兵败被俘，大夏国彻底消失在历史的滚滚烟尘中。

赫连勃勃的残与暴

大夏国的开国皇帝赫连勃勃的一生就是个传奇。

他生性聪颖，可偏偏出生在一个衰弱至极的匈奴铁弗部族群，略微长大一些，又遭遇外族的残杀，其宗族五千余人被灭杀，年少的勃勃只身一人逃到后秦避难。

据说，勃勃姿容俊美，生性却非常残忍，也成了魔鬼的同义词，大人们常用"赫连勃勃"来吓唬不听话的小孩，百试百灵。

他帅到什么程度？"勃勃身长八尺五寸，腰带十围，性辩慧，美风仪。"

大仲马曾言："脸蛋儿长得俊，不是好到极点，便是坏到透顶。"这位勃勃当属于后者。

关于其残暴，可谓罄竹难书。生性凶暴，嗜好杀人，而且没有常规。

有时候，他站在城头上，把弓箭放在身旁，纯粹凭感觉，只要觉得嫌恶的人，就亲自杀死。随随便便取人性命，毫无原则性。

开始时，一些忠于他的大臣们还劝一劝，可是，勃勃根本不把大臣们当人，甚至面对面看他的，就戳瞎眼睛；有无意中笑出声来的，就割掉嘴唇；有冒死进谏的，就以诽谤定罪，之后的做法更加残忍，先割下其舌头，然后杀死。

史书记载："夏王勃勃欲降傅弘之，弘之不屈，勃勃裸之，弘之叫骂而死；勃勃积人头为京观，号曰髑髅台。"可谓残酷至极！

这里的残暴行为记载在刘义庆《宣验记》里："赫连勃勃虏破冀州，境内道俗，咸被歼戮，凶虐暴乱，残杀无厌。爰及关中，死者过半。妇女婴稚，积骸成山。纵其害心，以为快乐。"

赫连勃勃的残暴还表现在一座城市的建设上！就是他的都城——统万城。"发岭北夷夏十万人，于朔方水北、黑水之南营起都城。"

这座统万城与其说是石块与夯土筑成的，不如说是血与肉筑成的。

勃勃任命的负责人是叱干阿利。阿利聪明灵巧，但也残忍刻薄。他主要采取的筑城方法是夯筑法，先把混合了牛羊血的土层层铺筑，再堆上柴烧烤，这样可以增加城墙的坚实度。每夯完一段城墙，阿利就要验收一段。他验收的方法是用铁锥子去刺土，如果能刺进去一寸深，就表示这段城墙不合格，就要推倒重新筑造。而筑造原先那段城墙的民工都会被杀死，尸体混在泥土里被当成建筑材料。行事残暴的阿利深得勃勃的赏识，对他这样的管理方式很是认同。

在都城的装饰和战备物资方面，叱干阿利也是投勃勃所好。那些铜铸的大鼓、飞廉、翁仲、铜驼、龙兽等装饰物，外表都涂以黄金，在都城的宫殿陈列整齐。阿利同时负责督造兵器，也要求精锐异常。他的检验标准同样苛刻：如果新制的弓箭射不穿铠甲，就要把制造弓箭的匠人杀死；如果弓箭射穿了铠甲，就要把制造铠甲的匠人杀死。他负责监制的百炼钢刀锋利无比，著名的大夏龙雀刀是中国古代十大名刀之一，非常珍贵。在叱干阿利的严格要求下，工匠们稍有不慎就会遭到杀身之祸，被杀的工匠达到了数千人。可以说，整座统万城都是建筑在老百姓的尸骨上的。

史书评价赫连勃勃："虽雄略过人，而凶残未革，饰非拒谏，酷害朝臣，部内嚣然，忠良卷舌。灭亡之祸，宜在厥身，犹及其嗣，非不幸也。"

一代枭雄，一生打打杀杀，起于战，终于乱，赫连勃勃最终还是在残暴中走向终结。

大夏国

· 中国古代以"夏"为国号的政权颇多。除了夏朝，还有不同朝代时期的命名。如隋末窦建德建立夏国；党项族人李元昊建立西夏；元末起义将领明玉珍建立夏国，后来被朱元璋所灭等。这里讲的"夏"是十六国时期的夏政权，为匈奴人赫连勃勃建立的政权，史称"胡夏"。

· 赫连勃勃（381—425 年），字屈子，朔方郡朔方县（今陕西省靖边县）人。胡夏开国皇帝。匈奴左贤王刘卫辰与桓文皇后苻氏之子。

· 赫连勃勃凶暴残忍，生性嗜杀。对于看不顺眼的人，说杀就杀，把进谏的人说成是诽谤，先割下其舌头，然后杀死。胡人、汉人都躁动不安，民不聊生。

· 大夏政权的国都称作"统万城"，赫连勃勃建立起来的大夏国政权也是十六国时期最后出现的一个政权。

· 从赫连勃勃于公元 407 年称天王大单于算起，到公元 431 年北魏的属国吐谷浑俘赫连定为止，一共仅存了二十四年的时间。

第十六章

月氏国——一个域外的逍遥古国

西域有个古老的民族，以游牧为生，叫"月氏"。秦朝以前就有这个民族存在，但是记载为禺氏国。月氏国处于丝绸之路要冲，控制着东西方的贸易，因此繁荣而兴盛。后被匈奴攻击，一分为二：大月氏和小月氏。作为一个古老的国家，月氏国充满了神秘色彩。

神秘的月氏国从哪里来

第一次接触"月氏",就被这怪怪的名称惊着了!

是不是一个浪漫的民族,崇拜月亮?

是不是这个民族的姓氏为"月"或"月氏"?

"月氏"通常读法是 yuè zhī,缘何古时又读为 rù zhī 或 ròu zhī?

很多问题缠绕着你,不得不好奇地走进神秘的月氏国。

关于月氏的来源,中外史学家看法颇不一致。

晚清学者王国维考证,月氏即《逸周书·王会解》中的"禺氏",《穆天子传》中的"禺知"或"禺氏"。

打开浩瀚的中国古籍,月氏的表达丰富多彩……

中国古籍如《魏略》称其为羌人,《后汉书·西羌传》记载:月氏"被服饮食言语略与羌同"。

《旧唐书》称其为戎人。还有汉藏族说、粟特族说、印欧族说、伊朗族说等。

实际上,无论怎么说,月氏国是西北古代民族。《史记·大宛传》载:"始月氏居敦煌、祁连间。"估计就是在现在甘肃省兰州以西直到敦煌的河西走廊一带。远在战国初期,月氏便在这一带过着平静的游牧生活。

可是,因为一个草原枭雄的出现,整个西北区域的平静被打破了!

他就是冒顿单于,公元前 205 年至公元前 202 年间举兵攻月氏,月氏大败。不得不弃河西走廊而向西迁徙。

此后，冒顿单于又两次击败月氏。用冒顿的话说："故罚右贤王，使至西方求月氏击之。以天之福，吏卒良，马力强，以灭夷月氏，尽斩杀降下定之。楼兰、乌孙、呼揭及其旁二十六国皆已为匈奴。诸引弓之民并为一家，北州以定。"

可见冒顿的强悍与霸气！这也使月氏与匈奴结下了不共戴天之仇。

经过匈奴的冲击，月氏国开始分化，西迁伊犁河一带，后又败于匈奴支持下的乌孙，不得不西击大夏，占领妫水（阿姆河）两岸，建立大月氏王国。

大月氏国成立后，逐渐定居和从事农业，并且开始具备比较发达的水利灌溉系统。

关键是大月氏国处于古代丝绸之路的要冲，城市和商业繁荣。丝绸之路在西域的南北两道，越过葱岭均进入大月氏境内。

大月氏在历史发展中具有重要的地位，曾是古代欧亚经济文化沟通联系的咽喉要道和中转站，对中西经济文化交流起着重要的媒介作用。

有一种说法，中国的佛教就是从大月氏传入的。公元前2年，有大月氏国王的使者伊存，把"浮屠教"等口述经典传入。

而还有一批留在河西地区的月氏人有一部分逃入祁连山，与当地的羌族杂处，"保南山羌，号小月氏"。

在汉武帝攻打匈奴时，"小月氏"归附了汉朝。这部分月氏人日后长期留住该地，与青海的羌人逐渐融合。

公元前2世纪，大月氏从河西走廊出走"塞地"，后来又被同类乌孙所逐，南下吐火罗斯坦，远跋北天竺国。

唐代的于阗王族"尉迟氏"，宋代的西夏大姓"讹氏"，甘青藏族"洼扎"和"吾合扎"等氏族，都是"月氏"或"兀者"之后裔。

可见，月氏族遍布河西、中亚、南亚的格局，是在一个漫长的时期中，通过多次迁徙形成的。

月氏国、匈奴、大汉的爱恨情仇

汉朝初期，大漠草原上的霸主除了匈奴，东边有东胡，西边亦有月氏。

虽然西域的月氏国畏惧匈奴，如见洪水猛兽，但其实在多年以前，月氏人也曾有过风光无限的时候，足以让匈奴人低头。

公元前2世纪，游牧于蒙古高原中部的匈奴还没有强大起来，受到西部的月氏国与东部的东胡两国的胁迫，可谓危机重重。

此时，匈奴在头曼单于的统治之下，为了缓解危机，就主动把其子冒顿送到月氏作为人质，向月氏国示好。

可是，头曼的这个决定并没有征求冒顿的意见，而且明显动机不纯。冒顿是个聪明人，知道是父亲宠幸后母，要把位置传给自己的弟弟！

实际上，头曼就是这个目的。他刚把冒顿送去做人质不久，就来攻打大月氏。这不就是把冒顿往火坑里推啊！

冒顿是谁呢？他是一代枭雄啊，怎么可能束手待毙呢？他伺机盗取了一匹月氏的宝马，一路疾驰逃回了匈奴。

很快，一代草原枭雄冒顿登上了历史的舞台。

冒顿先解决了家族内部的矛盾，顺利地登上王位，然后挥刀向东灭了东胡，接着西进，收拾月氏等西域国家。

开始的时候，月氏还能抗争一下，可是时间一长就不是匈奴的对手了。匈奴对月氏发起最后一击，杀死月氏王，竟然残忍地把他的头颅当作酒杯，用来喝庆功酒。这是奇耻大辱啊！

月氏国知道，冒顿在这边做人质的时候，肯定不痛快，不会心慈手软！一个连父母、亲弟弟都杀的人，怎么可能对外人宽容呢？他们不得不向西迁徙，寻找安生之所。

但是，月氏国也绝非柔弱之辈，迁徙安定之后，就开始寻找复仇的机会。

此时，另一位历史人物闪亮登场，他就是张骞。

这个人物的出场，与另一个大人物相关，他就是大汉天子汉武帝。

汉武帝时代，国力渐强，西域不太平，他怎么能容忍。而安定西域，必须先击败匈奴。

可匈奴也不是等闲之辈，单靠汉朝的力量的确冒险，倘若能有一个国家从匈奴的后面发起进攻，胜算肯定会大一些！

机会说来就来！一位投降的匈奴人告诉汉武帝，在敦煌、祁连一带曾住着一个游牧民族大月氏，他们对匈奴痛恨非常，正在寻找同盟者来夹击匈奴。

汉武帝闻之大喜，一个宏伟的计划开始在脑海中浮现。从整个形势来看，联合大月氏，沟通西域，在葱岭东西打破匈奴的控制局面，建立起汉朝的威信和影响，确实是孤立和削弱匈奴，配合军事行动，最后彻底战胜匈奴的一个具有战略意义的重大步骤。

敌人的敌人就是朋友！汉武帝立即决定联合月氏攻打匈奴。

问题又来了，汉朝只是知晓了月氏的存在，并不清楚月氏到底在哪里，也没有接触过。

唯一的办法就是派人去接洽了！可是派谁去呢？

正当汉武帝犯愁的时候，担任"郎"官的张骞主动请缨。汉武帝大喜过望，对他嘱咐一番，然后就命张骞带上向导与护卫队，迈上了以寻找并联络月氏国夹击匈奴的漫长出使路。

要到西域寻找月氏，一定要经过匈奴占领的地界。张骞他们溜进匈奴人的地盘，尽可能隐蔽地行进。但没走几天，他们还是被匈奴兵发现，全都做了俘虏，还被迫留滞在匈奴长达十年之久。

后来，张骞带领随从逃出匈奴，并历经千辛万苦找到了大月氏，被人领到了位于妫水之北的月氏王廷。听说有汉朝使者来访，大月氏的王后乃真尔朵非常高兴，隆重地接待了张骞。

可是，当张骞表明了自己的来意，请求大月氏与汉朝一同抗击匈奴后，听到的回音只是叹息。

时过境迁，此时的大月氏已经失去了返回故土的兴趣，也无意再去对抗强大的匈奴。因为他们又从伊犁河一直向南去，大约在公元前一世纪初叶，征服了阿姆河南岸的大夏，已经过上了富裕的生活。

张骞的这次出使虽然没有实现初衷，但意义重大，为后来开通沟通东西方贸易的丝绸之路打下了基础。

张骞回国后，汇报了月氏国安于现状，不愿与大汉联手以报复匈奴。"大月氏王已为胡所杀，立其夫人为王。既臣大夏而君之，地肥饶，少寇，志安乐，又自以远远汉，殊无报胡之心。"在历史上，作为张骞出使之目的的月氏国远没有后来的丝绸之路有名，依然是一个神秘的族群。

月氏国

· 月氏（ròu zhī），为公元前 3 世纪至公元 1 世纪一个民族名称。早期以游牧为生，住在北亚，并经常与匈奴发生冲突，后来慢慢具有国家的雏形。

· 由于受到匈奴的冲击，月氏国开始分化，西迁伊犁一带的，被称为大月氏王国。南迁至今日中国甘肃及青海一带的，被称为小月氏。

· 汉武帝攻打匈奴时，"小月氏"归附了汉朝。这部分月氏人日后长期留住该地，与青海的羌人逐渐融合。

· 公元前 2 世纪，大月氏从河西走廊出走"塞地"，后又为同类乌孙所逐，南下吐火罗斯坦，远涉北天竺国。唐代于阗王族"尉迟氏"，宋代西夏大姓"讹氏"等氏族，都是"月氏"或"兀者"之后裔，月氏民族遍布河西、中亚、南亚的格局，是在一个漫长的时期中，通过多次迁徙形成的。

· 大月氏国处于古代丝绸之路的要冲，城市和商业繁荣。曾是古代欧亚经济文化沟通联系的咽喉要道和中转站，对中西经济文化交流起着重要的媒介作用。

于阗国——消散在时光里的美玉

第十七章

　　于阗是中国古代西域的一个佛教王国，是一个非常小的政权，却能存在一千二百多年！它如此弱小而又如此强大，如消散在时光里的美玉，在古丝绸之路上熠熠生辉。

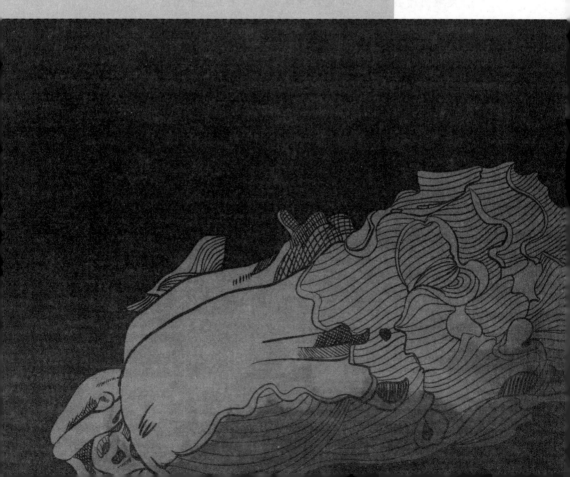

一个边陲小国，缘何存续千年

知道"于阗"的名称，估计大多是读伟人著名的诗句"万方乐奏有于阗"。

浣溪沙·和柳亚子先生
长夜难明赤县天，百年魔怪舞翩跹，人民五亿不团圆。
一唱雄鸡天下白，万方乐奏有于阗，诗人兴会更无前。

当然，这里的于阗（tián）是新疆维吾尔自治区西南部的一个县名，1959 年改为于田。当地人民以能歌善舞著称。诗歌里借指新疆文工团所表演的音乐歌舞节目。

新中国成立，各民族在祖国的生日大典上奏起欢乐的乐章，这其中也包括新疆儿女的甜美歌声，于阗之歌是这幅长卷上的一角。

"于阗"这个名称怎么解？学者看法不一。有人认为"于阗"是神话传说中的"地乳"；有人根据阗的梵文名"优地耶那"，认为是"果园"或"花园"；也有学者认为，"于阗"是古代吐蕃语"玉城"之意；当然，更多人认为"于阗"的真正含义是绿洲之国。

展开历史的画卷，于阗政权约建立于公元前 252 年，当时中原地区还处于动荡的战国时期。让于阗真正出现在汉族人视野的，当然是张骞出使西域！

西汉时期，于阗属于西域的一个绿洲小国，虽称为国，其实就是一个城邦。它地处塔里木南沿，东通且末、鄯善，西通莎车、疏勒，位于丝路要冲，因盛产美玉而闻名。

《史记·大宛列传》记载："（大宛）东北则乌孙，东则扜罕、于寘（于阗）。"

此后《汉书·西域传》中，被称为"于阗"，《后汉书·西域传》中又作"于寘"。而《魏书》《周书》中都是用"于阗"作为这个昆仑北麓的小国的正式名字。

文献《于阗国授记》记载，阿育王有一个儿子，出生就不受父母喜欢，被抛弃于荒野。很幸运的是，这位王子被汉王菩萨收为义子，长大后建立了于阗国。

不过，《大唐西域记》有不一样的记载。认为古代的于阗原始居民本属东土帝子的后裔，其后，一支出自北印度的释迦种北徙定居。开始的时候，本与原住居民东西分界，后来因会猎冲突，发生战争。最终是入侵者胜利，又建立了瞿萨旦那国。瞿萨旦那国和于阗国指的都是于阗这个小国，这两个名称长期并存。瞿萨旦那是塞种人尉迟氏建立的于阗王朝。

据专家研究，于阗国人是斯基泰人的一个部落，流落到南疆后，姓氏叫作"Vi-ca"（汉译音为"尉迟"，意为"征服者"）的部族首领建立了于阗国。

《北史》中记载："自高昌以西，诸国等人，深目高鼻。惟此一国，貌不甚胡，颇类华夏。"

张骞出使西域时，于阗还比较弱小，不到两万人。但是到了东汉时期，于阗国逐渐强大，成为区域强国。

后来，玄奘经过此地，在《大唐西域记》中写下"自兹以降，奕世相承，传国君临，不失其绪"的文字，说明于阗一直是尉迟氏执政。

贞观时代，于阗得到大唐的重视，成为"安西四镇"驻地之一，为唐朝安定西域做出了杰出贡献。

公元 649 年，于阗国王尉迟伏阇信派特使到长安，朝见新登基的李治。李治非常高兴，"赐金带、锦袍、布帛六十段，并宅一区"。

宋朝的时候，于阗国王派使者"贡方物"；当宋神宗驾崩，于阗国特派大法师来朝，为去世的神宗举行了佛教的仪式。

据《宋会要》记载，于阗使者前来朝贡，副使由佛教僧侣担任。可见直到北宋末年，于阗国仍然没有灭亡，佛教仍然在于阗国有很高的地位。当然，这不是说于阗国内没有伊斯兰教徒。事实上，于阗国一直执行宗教信仰自由的政策，宋哲宗元祐七年（1092 年），于阗国派一名伊斯兰教徒出任使者，这从侧面反映出他们的宽容。

到了 1219 年，成吉思汗西征，蒙古大军迅速占领了西域。1222 年，察哈台汗国建立，大约于 1227 年之后不久便最终征服了于阗国，于阗国才最终灭亡。

算起来，于阗从战国一直延续到宋代，前后存续一千多年。

于阗有哪些惊艳的存在

于阗古国，是塔里木盆地南缘一个古老的塞种人城邦，即今新疆维吾尔自治区和阗（和田）县。

于阗位于中国神话中神圣的昆仑山北麓，是古代中国内地与印度的中转站。这片土地，深受历史和自然的钟爱，又饱经灾难与考验。

一处处遗址，一件件文物，似乎都在诉说着往日的荣光与曲折，讲述着一个个精彩动人的故事，这些惊艳的存在，告诉我们一个别样的于阗。

张骞出使西域促进了很多文化交流，其中于阗（和田）玉的发现就是其中重要的成果。中国文人有很浓厚的"玉"情结。"君子如玉，触手也温""君子无故，玉不离身"。

汉代中期以后，才有了真正的新疆于阗（和田）玉料的玉器，新疆于阗（和田）玉料成为以后两千年中国玉器的主要材料和中国玉文化的重要载体，为中华文明添上了浓墨重彩的一笔。

于阗（和田）玉料的内质符合华夏子孙对玉料的一切梦想：质地细腻、颜色洁白、皮色华美、内外一致、精光内敛。这一切都使于阗（和田）玉料成为当时玉料中的佼佼者。

于阗古国是美玉之邦，是驰名天下的"瑶玉之所在"。中国出产玉石的地方不少，但"凡玉，贵重者皆出于阗"。

玉出昆仑，河出于阗。和田市区东郊的玉龙喀什河（白玉河），并不透亮，甚至有些浑浊，可就是这条名不见经传的河流，充满了传奇色彩，每天都有人在这条河流周围出没，寻找着和田玉石。

于阗除了出美玉，还一个惊艳的存在，就是精美的丝织物。

于阗原本是没有蚕桑的，听说东邻的国家已经有了蚕桑丝织，派遣使臣前往东国，请求赐予蚕桑种子，但被东国的君主回绝了，还严令关守，禁止蚕桑种子出关。于阗无计可施，便谦恭备礼去向东国求亲。东国君主为了睦邻友好，就答应了这门亲事。于阗国王派使迎亲时，嘱咐迎亲者密告东国公主，于阗没有蚕桑丝绸生产，请公主自带蚕桑种子来完婚，今后方能自制丝绸服饰。

公主离开东国时，将蚕桑种子密藏于头上的帽子内，出境时，守将搜遍了所带物品，只是不敢检查公主的帽子，从而使桑树和蚕种进入了于阗。

这不单单是传说，光绪二十六年（1900 年）斯坦因在于阗丹丹乌里克发掘出的画版足以证实。

画版中央绘一盛装贵妇坐于其间，头戴高冕，女郎跪在两旁。长方形画版的一端有一篮，其中充满形同果实之物；又一端有一多面形的东西，起初很难解释，后来我看到左边的侍女左手指着贵妇人的冕，对于画像的意义方才恍然大悟。冕下就是公主从东国私自带来的蚕种。画版一端的篮中所盛的就是茧，又一端则是纺织用的纺车。

也许真的是来之不易，自此，于阗自身的纺织业得到了快速发展，难怪当时于阗被誉为西域的"绢都"。

现在，从民丰县尼雅遗址出土的"元和元年"铭纹锦囊，足以代表于阗古国的刺绣水平，上面绣着翼梅花鹿，汉字隶书"元年"字样的中间穿插着一些云纹，这是我国现在相当少见的一块织有纪年文字的织锦。

当然，美玉与丝织物是于阗的名片，而古文字和绘画艺术也不可小觑，同样惊艳地存世。

于阗古国处于古丝绸之路的中西交接之处，是中外各种文化荟萃之地。一个多世纪以来，大量印着佉卢文和婆罗迷文、于阗塞克文以及汉文、突厥文、吐蕃文、回鹘文等多种文字的钱币、木牍、木简、陶片出土，印证着于阗在古代历史上使用过多种语言文字。通过对这些古文字的研究，学者们对于古丝绸之路的文化探索就更加清晰了。

此外，各种木雕、泥塑、玉雕和陶塑、陶器上的装饰纹样就更美了。有天真可爱的童子、智慧的老人和各种各样风趣变形的脸谱，猴、马、骆驼、虎、牛、龙、鸟被制作得小巧精致。

除了这些，还有弹着五弦琵琶、演奏卧箜篌和吹横笛的天人，击鼓、弹琵琶、吹排箫等的陶塑猴子，动作都十分有趣。

一些佛教壁画、木板画、雕塑艺术上，还明显地留有中西文化合璧的印记，泥塑佛像、莲花座佛像等各种彩色泥塑佛像等，从细致的做工和精炼的手法上看，古代于阗的佛教文化艺术十分繁荣。

这些惊艳的存在，永远铭刻在于阗古国这一片承载着千年历史记忆，遥远而又神秘的国度中！

于阗国

· 于阗是丝绸之路上的古国，它的得名和建国的历史扑朔迷离，是历史研究领域最迷人的课题之一。

· 于阗政权约建立于公元前 252 年，当时中原地区还处于动荡的战国时期。让于阗真正出现在汉族人视野的，是张骞出使西域。

· 于阗国，是塔里木盆地南缘一个古老的塞种人城邦，有关于阗的记载，最早见于《史记·大宛传》，称其在西域之东。盛时领地包括今和田、皮山、墨玉、洛浦、策勒、于田等县市，定都西城。

· 于阗国以农业、种植业为主，是西域诸国中最早获得中原养蚕技术的国家，故手工纺织业发达。特产以玉石最有名。

· 贞观时代，于阗得到了大唐的重视，成为"安西四镇"驻地之一。公元 649 年，于阗国王尉迟伏阇信派特使到长安，朝见新登基的李治。

· 于阗古国是美玉之邦，是驰名天下的"瑶玉之所在"。中国出产玉石的地方不少，但"凡玉，贵重者皆出于阗"。

第十八章

一曲《敕勒歌》，唱出了一个民族的生活情调。这个民族因为一座山而得名，她就是鲜卑山旁的鲜卑族。这个民族的血脉奔涌在华夏大地上，顽强的生命力改变了中国历史的进程，被认为是建立国家最多的北方民族，就连隋朝皇室和唐朝皇室的身体里都流着鲜卑人的血液。

鲜卑国——建立国家最多的北方民族

鲜卑为何是建立国家最多的北方民族

"敕勒川，阴山下。天似穹庐，笼盖四野。天苍苍，野茫茫。风吹草低见牛羊。"《敕勒歌》在耳边回荡，一幅草原画卷展示在眼前。这首民歌是由鲜卑语译成汉语，经鲜卑人传唱，流传至今。

歌中唱的是鲜卑人的草原生活，安静而祥和。

鲜卑国是继匈奴之后在蒙古高原崛起的古代游牧民族，兴起于大兴安岭，属东胡族群，蒙古语族，是魏晋南北朝对中国影响最大的游牧民族。

据史家考证，鲜卑族源于东胡。东胡被匈奴打散之后，族人分化迁徙，一部分东胡人迁徙到鲜卑山下，逐渐形成了鲜卑族。

公元 48 年，匈奴分裂为南北二部，鲜卑与汉朝、南匈奴及西域各族共同出兵攻击北匈奴。北匈奴逃离漠北，向西迁徙，漠北的十余万匈奴人加入鲜卑，从此鲜卑开始强盛。

东汉时期，应奉上书汉桓帝云："秦筑长城，徒役之士亡出塞外，依鲜卑山，因以为号。"

到了东汉后期，檀石槐统一鲜卑，在高柳建立王庭，联合诸部组成军事行政联合体。檀石槐死后，联盟瓦解。

而汉末三国时期，"小种鲜卑"轲比能兴起，重新建立部落联盟。轲比能被刺死后，联盟再次瓦解。

鲜卑人建立的国家是最多的，其数量让其他民族甚至汉族都难以望其项背。

文献记载的十六国中，鲜卑人占据五席：前燕、后燕、南燕、南凉、西秦。

而实际上其建立的国家还远不止这五个，慕容鲜卑建立了前燕、后燕、西燕、南燕，乞伏鲜卑建立了西秦，秃发鲜卑建立了南凉，拓跋鲜卑建立了代国、北魏、东魏、西魏，宇文鲜卑建立了北周。

历史考察看来，从西晋到隋朝，鲜卑人是最活跃的一个民族。以下几个年代足以明证。

公元 315 年，鲜卑拓跋部拓跋猗卢自称代王，建立代国，60 余年后被前秦所灭。

公元 329 年，鲜卑吐谷浑部叶延继承汗位，正式建立吐谷浑国。公元 663 年，吐蕃大举进攻，吐谷浑国灭亡。

公元 337 年，慕容鲜卑首领慕容皝称燕王，史称前燕，公元 370 年被前秦灭亡。

公元 383 年，鲜卑贵族慕容冲称帝，史称西燕，后被后燕所灭。

公元 383 年，慕容垂在荥阳自称燕王，史称后燕，与后秦东西对峙，后被北魏打败，几年后被北燕灭亡。

公元 385 年，乞伏鲜卑首领乞伏国仁在陇西建立西秦，后被大夏赫连氏所灭。

公元 386 年，拓跋珪收集旧部，再次称代王，后迁都盛乐，改称魏王，建立北魏政权。公元 398 年，拓跋珪称帝，建都平城。公元 534 年，北魏分裂为东魏和西魏。十几年后，北齐取代东魏；北周取代西魏。

公元 397 年，河西鲜卑族秃发乌孤建立南凉，历三朝，延续了 18 年。

公元 398 年，慕容德在黄河南岸的滑台称帝，史称南燕，12 年后被东晋消灭。

著名历史学家翦伯赞先生曾作诗慨叹："无边林海莽苍苍，拔地松桦亿万章。久矣羲皇成邃古，天留草昧纪洪荒。"

广袤的原始林海，雄浑的崇山峻岭，欢腾的山川溪流，厚重的历史积淀，记录着北方鲜卑民族的光荣与梦想。

现在五十六个民族中缘何没有鲜卑族

鲜卑族是中国北方少数民族中非常活跃的一个民族，缘何后来消失了呢？

这与一个大人物有关，他就是北魏的孝文帝。

孝文帝所在的鲜卑是拓跋鲜卑，他的先祖迁徙的方向是南方。西晋时，部落首领拓跋猗卢因为帮助当时朝廷抗击刘渊、石勒有功，被皇帝封为代王，建立了代国。但不久，代国被兴起的前秦所灭，拓跋部的历史也暂时中断了。

五胡乱华以后，逐渐强大起来的鲜卑族拓跋氏统一华北，建立北魏。他们感受到了汉文化的强大，想要长久统治中原，巩固政权，历代君主都重视对汉文化的学习。

公元471年，拓跋宏即位，是为孝文帝。这位皇帝与汉文化渊源深厚，因为抚养他长大的冯太后是汉族人，他耳濡目染，受汉文化影响较深，才有了即位后的汉化政策。

当时的国情是，由于长期战争出现了大量无主荒地，农民起义依旧有增无减，而朝廷残酷的镇压非但没有平息人民的起义，反而激发了更多矛盾和斗争。

北魏统一黄河流域后，出现了民族大融合的趋势，北方少数民族多已从事农业生产。

孝文帝继位后，在监政的冯太后与朝臣李冲的改革基础上，进行了大刀阔斧的政治改革。

制定官吏俸禄制整顿吏治：为澄清吏治，巩固统治。

推行均田制：为缓和社会矛盾，发展农业生产，增加国家收入。

设立三长制：为配合均田制的推行，强化对地方的控制。

推行新的租调制：与均田制相适应，保证税收。

移风易俗：易服装、说汉话、改汉姓、通婚姻、改籍贯、行汉制、崇儒学。迁都洛阳。

其中，迁都的争议最大，很多大臣反对，甚至有人要求卜卦。

但是孝文帝表现出了坚定的信心，铿锵有力地驳斥："卜卦是为了解决疑难不决的事。迁都的事，已经没有疑问，还卜什么。要治理天下，应该以四海为家，今天走南，明天闯北，哪有固定不变的道理。再说我们上代也迁过几次都，为什么我就不能迁都呢？"

孝文帝迁都洛阳后，为了建立统治的文化基础，立即下令加紧修建孔庙祭孔，又给予孔子后裔土地与银钱，让他们可以继续祭祀这位祖先。

孝文帝强势推行的汉化改革措施，缓和了少数民族与汉族的矛盾，促进了民族的大融合，发展了经济，稳定了社会。

历史证明，在中国古代，中原地域辽阔，若是少数民族想要在中原建立政权，必须要使自己的文化融入中原文化，且中原人数众多，如果不学习汉文化，是无法在中原如此宽阔的地域及众多的人群中立足的。

孝文帝的改革，极大地促进了鲜卑族与其他民族的融合，隋唐时期以后，鲜卑族已经逐渐解散，但鲜卑的后裔依然延续民族血脉，如隋、唐两朝的开国皇帝杨坚、李渊都是受鲜卑文化影响深远的汉人，可以说是鲜卑化的汉人，而且李渊的母亲及妻妾很多都是汉化的鲜卑人。

不过，关于鲜卑国也存在不少的历史疑点，从东胡到鲜卑再到室韦，三者的大小不同，鲜卑是东胡的一部分，而室韦是东北的古国，室韦人包括其他东胡人和关外的鲜卑人。辽东汉人、东胡、濊貊、肃慎都在广大的东北区域活动，与鲜卑人有多少关系？有待学术界进一步研究。

五胡乱华，缘何鲜卑笑到最后

汉末，是一个动荡而英雄辈出的时代。各类政权此起彼伏，经历了多年战乱之后，最终被司马家族统一了华夏，建立了西晋王朝。

可惜，西晋王朝的政权并不稳固，仅存在了 50 年，堪称历史上最可悲的王朝。

堡垒往往是从内部攻陷，当时西晋皇室间矛盾不断，建国不久就爆发"八王之乱"，国力衰败，自然引得周边少数民族觊觎。

当时，入侵中原的少数民族主要有鲜卑族、匈奴族、羯族、羌族、氐族。

西晋无力抵抗，只好南迁，政权迁徙，百姓遭殃，演绎了一场骇人听闻的"五胡乱华"的历史悲剧。

北魏有一位叫崔鸿的史官私撰了一本书——《十六国春秋》，其中他挑选出了那时十六个国祚相对较长，影响力相对较大的国家作为代表，"十六国"这个名称也逐渐得到后人的认同并沿用至今。具体分布是：

鲜卑人占据五席（前燕、后燕、南燕、南凉、西秦）

匈奴人占据三席（前赵、北凉、胡夏）

汉人占据三席（北凉、西凉、北燕）

氐族人占据两席（前秦、后凉）

巴氐人占据一席（成汉）

羯族人占据一席（后赵）

羌族人占据一席（后秦）

中原大地，生灵涂炭，怎一个乱字了得！

不过，古代历史周期规律是合久必分，分久必合！纷乱的时代，唯有一个民族笑到了最后，就是鲜卑族。

鲜卑族最大的优势是贤才多而且接地气，顺应时事发展需求。匈奴、羯的头领们只懂打打杀杀，《晋书》中记录刘渊、刘聪、石勒、石虎诸人，大都离不开"雄武""魁伟""骁捷"等字眼，前秦王苻坚则是个志大才疏、矫情过度的理想派。

唯有鲜卑人才济济，性格坚毅，且善于创新。慕容氏无论智略、才具、意志，都是诸胡族中的佼佼者。拓跋氏勇于改革，《魏书》赞叹拓跋珪："所谓大人利见，百姓与能，抑不世之神武也。"

在中原大地，鲜卑人留下了浓墨重彩的一笔。唐人对北周文帝宇文泰的评价是："乃摈落魏晋，宪章古昔，修六官之废典，成一代之鸿规。德刑并用，勋贤兼叙，远安迩悦，俗阜民和。亿兆之望有归，揖让之期允集。功业若此，人臣以终。盛矣哉！非夫雄略冠时，英姿不世，天与神授，纬武经文者，孰能与于此乎。"

这是一代代鲜卑族人长存的光荣与梦想！

鲜卑国

·鲜卑国是继匈奴之后在蒙古高原崛起的古代游牧民族，兴起于大兴安岭，属东胡族群，蒙古语族，是魏晋南北朝时期对中国影响最大的游牧民族。

·据史家考证，匈奴击破东胡部落后，一支退居乌桓山，而另有一支退居鲜卑山附近，这就是鲜卑。

·鲜卑没有文字，使用东胡语。他们居无常处，随水草放牧，生活的主要来源是畜牧和狩猎。

·鲜卑人建立的国家是最多的，其数量让其他民族甚至汉族都难以望其项背。文献记载的十六国中，鲜卑人占据五席：前燕、后燕、南燕、南凉、西秦，而实际上其建立的国家还远不止这五个。

第十九章

《仙剑奇侠传》把一个神秘的南诏国带入观众视野，这个小国因为处在诸诏最南端而为南诏。不过，这个小国与唐朝有着千丝万缕的关系。所谓"火烧松明楼，六诏归一大唐愁""唐亡于黄巢，而祸基于桂林"，都是与南诏的兴衰相关。南诏存续164年，周旋于唐朝和吐蕃之间，顽强地生存下来，演绎出一段西南少数民族的传奇。

南诏国——诸诏之南的蒙舍诏

一段姻缘成就了南诏王

"大理三月好风光，蝴蝶泉边好梳妆。蝴蝶飞来采花蜜，阿妹梳头为哪桩？"美丽的彩云之南，带着三月盛会的祝福，从远古飞来。

大理的春天是浪漫的季节，各乡各村的白族妇女身着节日盛装，成群结队前往巍山迎接白王三公主回乡省亲，称为"接金姑"；三月初三又到苍山莲花峰下的"小鸡足"举行歌舞盛会，称为"送驸马"。

节日是民族记忆的保留，追溯向前，一段南诏国的秘史缓缓展开。

当时，还没有南诏国，云南西部地区统治着各部族的是白子国。

这个白子国首领大有来头，与一位大人物相关，就是诸葛亮。想当年孔明先生"七擒孟获"而平定西南，给白子国第 17 代王龙佑那赐姓张，封为"建宁国酋长"，此后又传了 17 代到张乐进求。

故事的主角当然不是张乐进求，而是他如花似玉的女儿。张乐进求有三个女儿，大姑娘和二姑娘生性乖巧，深得父王的宠爱。三姑娘名叫金姑，聪明能干，能歌善舞，但性格倔强。

主角就是这位金姑。她有点任性，在一次外出时犯了错，王室成员也要守规矩，自然被父王训斥。

金姑很忧伤，从小到大父王都很疼爱她，没有想到因为一点小错误就遭到指责。这一生气，她就私自溜了出去。

天真烂漫的金姑沿着洱海边走啊走啊，白云招手，水波点头，草木摇臂，处处都在欢迎她，处处都让她着迷。

走累了，她就坐在一个小山包上休息，没曾想一下子睡着了！

醒来的时候，太阳已经落山，金姑又累又饿，而且迷了路，自然惊恐万分。

这时，恰好有个年轻的猎人扛着一只猎获的麂子经过这里。一个五大三粗、面庞黝黑的男人，更让金姑担心害怕了。

不过，猎人憨厚地对姑娘笑笑，主动搭讪，一问才知道姑娘迷了路。

他主动报上姓名，说自己叫细奴逻，是巍宝山的猎人，并正告她，这里常有野兽出没，太危险了。

天完全黑下来，为防野兽，细奴逻烧起火堆，又给金姑烤麂子肉吃。

金姑很感动，他们围着火堆，一点睡意也没有，讲了很多话。

先是金姑说外出的原因，告诉他，自己是建宁国的三公主。

细奴逻也讲起自己的身世，他们原先住在哀牢山，母亲名叫茉莉羌，因为发生瘟疫，父亲病死了，母亲便带着他来到蒙舍川以种地和狩猎为生。

细奴逻向金姑表达了爱意，希望金姑跟他回家。金姑默不作声，但此时她的心已经飞到细奴逻的身边。

这时，远处飞来一对金翅鸟，落在歌场边的一棵大树上，高声作人语道："细奴逻、三公主，细奴逻、三公主。"

天蒙蒙亮，金姑便跟着细奴逻下山了。他们来到蒙舍川细奴逻家中，欣喜的阿妈接纳了这位美丽的儿媳。

全寨子的人都来祝贺，大家杀猪宰羊，喝酒打歌，为他们举行了隆重的婚礼。

后来，细奴逻凭着勇气与智慧被推选为蒙舍川部族的首领。金姑聪明能干，教会彝家妇女纺线织布，挑花绣朵，部族人对她十分爱戴。

后来，国王和王后认为这是一件门不当户不对的婚事，于是白王想尽种种办法来整治细奴逻，但是细奴逻凭自己的聪明才智，一一化解了国王给自己设下的磨难。

当然，白王张乐进求思念女儿心切，最终还是答应了这门亲事，就派手下穿上节日盛装，带上干粮，吹吹打打到蒙舍川接金姑去了。

金姑见到故乡的亲人，高兴得热泪直流。她回家待了一个多月，可没有闲着，而是学习了许多用中草药治病，栽种五谷、蔬菜等技术，准备带回蒙舍川。

到了三月初三，各乡各村的男女老少纷纷来到保和寺唱歌跳舞，一起欢送细奴逻和三公主回家。从此就形成了二月初八"接金姑"和三月初三"送驸马"的风俗。

白王张乐进求年纪越来越大了，很想找到一个王位继承人。虽然大姑爷和二姑爷都是洱海边两个部落的酋长，但张乐进求嫌他俩一个生性多疑好嫉妒，一个好大喜功易暴怒。

后来，经过反复思量与考察，他觉得三姑爷细奴逻精明过人，武艺超群，忠厚善良，是个理想的人选。

不久，张乐进求就把自己的王位禅让给了细奴逻。细奴逻便建立了南诏王国，以巍山为首府，建大蒙国，又称蒙舍诏，自号奇嘉王，一直传了13代。

火烧松明楼的是与非

一段姻缘成就一个国家，公元 649 年，细奴逻成为南诏王。

不过，这位君王还真有头脑，愿意向先进的文明学习。公元 653 年，他特派子逻盛炎赴长安朝见唐高宗，表示愿意归附唐朝。唐高宗封细奴逻为巍州刺史，从此南诏接受了唐朝中央政府的领导。

细奴逻的王位传到了第四代，一个更伟大的君王出场了。

他就是皮逻阁，南诏历史上最重要的一位国王。就是在他的经营与拓展下，蒙舍诏统一了洱海地区，进兵爨（cuàn）地，并吞滇池地区，把蒙舍诏发展为"南国大诏"，使"南诏"之名由一诏而为洱海地区之统称，继而将南诏发展为统治整个云南及其周边广阔区域的西南地方政权。

皮逻阁的功绩得到了唐玄宗的赞赏，后来封他为台登郡王。

那么，皮逻阁是如何统一六诏的呢？

这里就不得不讲到"火烧松明楼"的故事了。

当时的南诏，经过几代君主的努力，又有大唐的封赏，实力大增，逐渐领先其他五诏。不过，六诏的诏主属于同源同宗的远亲，日常素有往来。

皮逻阁是有雄心壮志的人，他一心想成就霸业。在大臣的共同策划下，决定采取用火烧来剪灭其他五诏的方式。

于是，皮逻阁在都城巍山修建了一座松明楼，以农历六月二十五日六诏共同祭祖为名，邀请五位诏主到松明楼赴宴。

何谓松明楼？就是用松木建成的塔楼！皮逻阁在此招待五位诏主，是要商讨六诏结盟立他为王。如果结盟立王意见统一，便放五位诏主安然离去；如若不统一，他便要一把大火将五位诏主活活烧死。

其中一位诏主的夫人叫柏洁夫人，美丽而聪慧，皮逻阁早就对她有想法，柏洁夫人自然能感受到，就劝自己的夫君不要去，但是她的夫君不听劝阻。柏洁夫人无奈，只得取出一只铁手镯，给夫君戴在手腕上，然后为他送行。

结局当然是悲惨的，皮逻阁将五位诏主烧死在松明楼。

柏洁夫人获知消息，急切地带上兵马，持火把星夜赶到蒙舍。松明楼已被烧成了一片废墟，众人好不容易才在废墟中刨出一具具尸骨。凭借铁手镯，柏洁夫人找到了夫君的尸骨。

皮逻阁早就垂涎柏洁夫人，这时表示要纳之为妃。

柏洁夫人知道此时不能与皮逻阁对抗，就假意答应下来，但是要求：在松明楼的灰烬旁边搭上一座孝堂，让自己为夫君守孝一百天。

皮逻阁还真的答应了，柏洁夫人就痛痛快快哭了一场又一场，极其哀怨。

柏洁夫人当然不会答应皮逻阁的要求，当她尽完妇道，就纵身跳入洱海，保持了名节。

皮逻阁也非常感动，钦佩柏洁夫人的忠贞，封柏洁夫人为柏洁圣妃，建庙立祠供后人敬仰。

为了纪念柏洁夫人，每年六月二十五日晚上还要过火把节。这天晚上，人们骑上飞马，举着火把，绕着古城奔来奔去，表示想搭救柏洁夫人的样子。

女人们也都用红色的凤仙花把十个指甲染得鲜红，以纪念柏洁夫人对丈夫的坚贞。

有一首七言诗《星回节》，该诗以有力的语言叙述了火烧松明楼的过程："奸雄叵测皮逻阁，笙歌召会松明楼。脱簪牵裾不得留，铁钏约臂红泪流。阿奴火攻酒发半，炎鸟夔煨飞神丘。残娥埃煤一篜妇，金钢融腕遗骸收……死守何异巡远坚？忍饿甘共夷齐洁……一炬销残万劫灭，琼瑶台上招星回。不敢举火竞生食，反燔焰助夫人哀。喋血誓齿仇雠肉，生吞活剥遍山谷……"

这些文字自然是对皮逻阁残忍做法的挞伐。不过，也有人为之颂赞："松明楼上一把火，赢来南诏千秋业。"是啊，统一的进程是要付出代价的。

事实上，皮逻阁并没有擅自合并六诏，而是厚赂了剑南节度使王昱，请其向唐皇帝代求"合六诏为一"。《新唐书》中写道："当是时，五诏微，归义独强，乃厚以利啖剑南节度使王昱，求合六诏为一。制可。"

也只有得到大唐王朝的支持，南诏才有能力与魄力将五诏的土地、权力收入囊中。

2009 年 6 月，火烧松明楼的传说故事被大理州人民政府公布为第二批州级非物质文化遗产名录。

不过，南诏的兴衰似乎有个历史的宿命，推翻南诏国的郑买嗣是郑回的后代，郑回让南诏国走向复兴，其后代郑买嗣则让其走向毁灭。

南诏国

· 南诏国（738—902 年），是八世纪崛起于云南一带的古代王国，由蒙舍部落首领皮罗阁于唐开元二十六年（738 年）建立。

· 隋末唐初洱海地区有六个实力较强的小国，分别被六个国王统领，被称为六诏，分别是：蒙嶲诏、越析诏、浪穹诏、邆赕诏、施浪诏、蒙舍诏。

· 蒙舍诏在诸诏之南，称为"南诏"。在唐王朝的支持下，南诏先后吞并西洱河地区诸部，灭了其他五诏，统一了洱海地区。

· 天复二年（902 年），唐人郑回的后裔郑买嗣起兵杀死舜化贞及南诏王族八百余人，灭亡南诏，建立大长和国。

第二十章

　　北方大漠，苍狼一个接一个倒下，又陆续出现新的草原霸主。继匈奴、鲜卑之后，柔然国横空出世，强绝一时。它雄踞大漠，威震草原，自称为"聪明、贤明、礼义、法则"，可又被他人贬称为蠕蠕、芮芮、茹茹、蝚蠕。

柔然国——强绝一时的草原霸主

柔然的来路与去路

千百年来，北方草原，千里大漠，如走马灯般兴衰绝灭，游牧民族如风一般袭来，又如风一样消失。

继匈奴、鲜卑之后，柔然国横空出世，强绝一时。它雄踞大漠、威震草原。

"柔然"名号始于车鹿会之自称，本意为"聪明、贤明、礼义、法则"，可亦有人称之为称蠕蠕、芮芮、茹茹、蝚蠕等。北朝的碑志、杂曲中，往往泛称之为"鬼方""猃狁""北虏""北狄"等。

柔然人是居于蒙古高原的游牧民族，他们辫发左衽，居穹庐毡帐，逐水草畜牧，无文字，以刻木记事。

柔然来自哪里？

关于柔然人的来源，有着东胡、鲜卑、匈奴后裔之说。

而"蠕蠕"之名则是北魏太武帝拓跋焘认为柔然智力低下，败多胜少，所以嘲讽他们是不会思考的虫子，才下令，全国军民侮辱性地对柔然改称"蠕蠕"。

《魏书·蠕蠕传》提及蠕蠕为"东胡之苗裔""匈奴之裔""先世源由，出于大魏"。

《宋书·索虏传》《梁书·芮芮传》均认为柔然是"匈奴别种"，而《南齐书·芮芮虏传》则以为其是"塞外杂胡"，《北史》则仅记载其"姓郁久闾氏"。

柔然汗国的建国始祖是木骨闾，他足智多谋、骁勇善战。而木骨闾的儿子车鹿会，比父亲更加勇猛雄健，通过战争不断兼并其他部落，终于统一了北方草原，建立了庞大的柔然汗国。

三十年河东，三十年河西，存续百年的柔然，被日益强大的突厥人袭击而亡，柔然可汗阿那环兵败被杀，原先臣于服柔然的各个部族也纷纷趁火打劫，这个横空出世、曾经强绝一时的柔然汗国，瞬间便烟消云散了。

柔然是以武力立国，以强大的军事实力聚集而成部落联盟，靠铁腕政策只能暂时压制各部落之间的矛盾，哪里有持久力？一旦有风吹草动，必然会离心离德，各奔东西也是顺理成章了。

柔然古国的后裔集中居住在哪里呢？

欧洲历史著作中有称柔然为"阿瓦尔人"（Avars），其实为公元八世纪中叶由亚洲迁到欧洲的柔然人，并在今巴伐利亚东部建立阿瓦尔汗国。阿瓦尔汗国在与法兰克国王查理进行8年战争后覆灭。

有学者认为，一支柔然人逃到了东欧，据说欧洲古老的游牧民族阿瓦尔人就是这支柔然人，他们吞并格皮德王国，迫使伦巴第人向南方迁徙，而很多柔然贵族居住在伦巴第。如今的伦巴第属于意大利，柔然的后裔大多在意大利北部居住至今。

一支柔然人逃到今天的俄国布里亚特共和国和赤塔州一带，并在那里繁衍生息，只是现在已经找不到他们的影子了，大概与其他民族通婚被同化了吧。

而迁居内地的柔然人，通过杂居共处，互相通婚等各种途径，大多先融合于鲜卑，最终被同化于中原汉族之中。

据考证，当今河南洛阳，山西雁门、代郡等地闾氏、郁久闾氏、茹茹氏、茹氏等一些姓氏，其先祖就是柔然人。

被贬称的民族有多能打

匈奴被大汉打残，鲜卑起而替之，鲜卑分化后，柔然崛起。

柔然国崛起的时间大约在南北朝时期，统治的区域北达贝加尔湖畔，南抵内蒙古阴山，东北到大兴安岭，西至哈萨克斯坦的巴尔喀什湖一带。统治的核心在现在的蒙古国。

军事生活是柔然国政治生活中最为重要的一部分。柔然可以说是一个全民皆兵的国家。

可汗、大臣、平民，都是按军事制度来进行编制的，每遇战事就是全民皆兵，而且因为柔然人属于游牧民族，动辄就能出动数十万的骑兵，所以强绝一时。

402 年，木骨闾的六世孙郁久闾社仑自称丘豆伐可汗，仿效北魏，立军法，置战阵，整顿军队，建立可汗王庭，形成一支威震漠北的强大力量。

社仑可汗为了增加军队的战斗力，实行了许多改革措施。他把军队中每一千人设为一军，设置军将一名；每一百人为一幢，每幢设幢帅一名；战斗中立有军功的人所夺得的财物归其个人所有。

骑兵似"风驰鸟赴，倏来忽往"，战斗不力者要受到鞭挞的惩罚，临阵退缩者处以死刑。

一次与高车国作战，社仑召集一千名士兵，在清晨袭击在柔然宿营的高车人，数万高车战士被区区千人打得落花流水，逃走者仅有十之二三。这一战也奠定了柔然国在北方草原的霸主地位。

柔然与北魏是死对头，蠕蠕的得名就与一代战神北魏太武帝拓跋焘有关！

然而柔然人并非拓跋焘说的那样，是一只只会蠕动的小爬虫，他们曾多次大败北魏军队。

据《魏书·蠕蠕传》记载："社仑远遁漠北，侵高车，深入其地，遂并诸部，凶势益振。北徙弱洛水，始立军法：千人为军，军置将一人，百人为幢，幢置帅一人；先登者赐以虏获，退懦者以石击首杀之，或临时捶挞。无文记，将帅以羊屎粗计兵数，后颇知刻木为记。"

柔然国从社仑、斛律至大檀的二十余年间，几乎每年都要袭击北魏北方边境。北魏七次分道进攻柔然，皇帝亲征或巡边，在沿边加强屯田和设置军镇，屯驻重兵，拱卫平城。

有一次，柔然与北魏作战，北魏四路出击，拓跋焘亲自挂帅，在额根河（今鄂尔浑河）取得小胜。结果，拓跋焘在回师时被围攻，大败而还，大将奚拔、沓干都战死，镇北将军封沓战败后投降柔然。

北朝民歌《木兰辞》中"朔气传金柝，寒光照铁衣。将军百战死，壮士十年归"的描写，讲的就是北魏与柔然的战争。

男子都打没了，女子上战场。花木兰与其说是一场英雄颂歌，不如说是一曲战争悲歌！

柔然人为何这么能打？

原来，柔然国采用的是西域的精铁良马，又奴役阿尔泰山一带能征善战的突厥人作为锻奴（为柔然打铁的奴隶），组建了精良的具装骑兵。

具装骑兵是在特殊的历史阶段形成的特殊兵种，由于步兵披甲率的提高和步兵纪律的提高，导致步兵的阵线越来越坚固，越发难以突破，具装骑兵才应运而生。

柔然的具装骑兵使用木框、皮面的马鞍，制作精良的马镫。盔甲既有中原式的札甲，也有游牧风格的鳞甲，骑兵喉间还有多层薄铜片穿制的护喉，马的铠甲分皮制和铁制，覆盖面积非常高。

柔然国最终也是被强力摧毁的，而且是在巅峰时期。被他们长期奴役的突厥人决心反抗，在首领土门可汗的带领下，部落日益强大。他们主动向中原示好，得到了西魏的财力物力支持，终于向原来的主人柔然露出了獠牙。在怀荒之战中，土门可汗率领匈奴大军以少胜多，打败了柔然的中兴之主阿那瓖，致使阿那瓖自杀殉国，而后在数年内摧毁了柔然帝国。

柔然国

· 柔然，是公元四世纪后期到六世纪中叶，在蒙古草原上继匈奴、鲜卑等之后崛起的部落制汗国，最高统治部落为鲜卑别部的一支。

· 柔然汗国的建国始祖是木骨闾，他足智多谋、骁勇善战。而木骨闾的儿子车鹿会，比父亲更加勇猛雄健，通过战争不断地兼并其他部落，终于统一了北方草原，建立了庞大的柔然汗国。

· 柔然汗国正式建国是在北魏天兴五年，即公元402年，可汗社仑为柔然的开国之主，号为"丘豆伐"。

· 柔然汗国是一个雄踞大漠南北、流沙东西的强大游牧奴隶制国家，国家前后共经历了十九位君王，持续152年。

· 柔然是一个以军事战争为主要政治活动的国家，可汗、大臣、平民都是按军事制度来进行编制的。柔然国可以说是一个军事与民事融合的政权。

第二十一章

高昌国——多情而善变的西域佛国

　　唐三藏西天取经，被一位虔诚的君王倾慕。他使出浑身解数极力挽留唐僧在自己的国家传播佛法，他就是高昌王麹文泰。高昌国位于吐鲁番盆地中，是西域的交通要冲，赓续了140多年，是西域一个相对独立、稳定的汉人政权。

高昌王与唐僧的手足之情

高昌虽然作为两汉中央政府经营西域的基地，可是在各种势力的影响之下，经常出现争夺现象。

这种混乱的局面直到公元 449 年麹嘉上台，才使局势稳定下来。

麹氏王朝成立后，佛教受历代诸王重视，佛法隆盛。历代高昌国的国王极为尊崇佛法。其中以麹文泰为最。

唐玄奘西行取经，消息不胫而走！麹文泰派使者去伊吾国等候。

风尘仆仆的玄奘刚到伊吾，高昌国的使臣便软硬兼施地把他接到了高昌国。其实，高昌国偏离了唐僧西行取经的路线，但玄奘为麹文泰的诚心打动了，跟着使臣转道去了高昌目。

他们日夜行走，一刻不停地往高昌国赶路。玄奘与高昌国的使臣到达高昌王城时已经是三更时分。

麹文泰听说唐僧要到了，就望眼欲穿地等候着。为了表达热烈欢迎之意，麹文泰命令全城点起了无数灯烛，照得城楼如白昼一样，宫女们簇拥着国王与王妃站立，虔诚地迎接玄奘。高昌国王麹文泰也不顾自己的身份，亲自扶玄奘上了国王才能乘坐的轿子。

玄奘果然不辜负麹文泰的期望，两人见面即交流佛法心得，三天三夜不倦。

麹文泰十分推崇佛学，自己也是一个佛学修养相当不错的信仰者，坐而论佛，成为其生活最大的乐趣与寄托。

与玄奘交流佛法，使麴文泰的人生得到开悟，一些纷纷扰扰，在玄奘这里如弹指一挥，再大的烦忧也能得到化解。

麴文泰似乎找到了真正的佛法，越来越崇拜玄奘。也许就是对玄奘太过崇拜，他提出了一个让玄奘实在无法接受的要求——请玄奘留在高昌国做国师，替他参谋国事。

当时的高昌国夹在强盛的大唐和凶悍的突厥人之间左右为难，也使得麴文泰挽留住玄奘的决心极其强烈，甚至采取了一些非常手段。他下令把玄奘关押起来，甚至断水断食，想以此来消磨玄奘的意志。

这原本是一个令人感动的请求，然而玄奘表明了"只为求法，不可半途而废"的态度，赴西天取经之心坚如磐石。

最后，还是麴文泰妥协了，他知道玄奘是有信仰的人，肉体的摧残是微不足道的。

既然硬的不行，就来软的！麴文泰提出要求，要和玄奘结为兄弟，才可以放行，而且玄奘要在高昌讲经一个月，学成归来后还要在高昌停留三年。

麴文泰的一片真情实意，感动了玄奘。他答应了麴文泰的请求。

就这样，麴文泰在他母亲的主持下，举行了盛大的典礼，与玄奘结为兄弟。这就是唐僧"御弟哥哥"雅号的来由。由此可见，这里的"御弟"不是大唐皇帝的弟弟，而是高昌王的弟弟。

玄奘信守诺言，决定留下来一个月，在高昌开坛讲经。玄奘手持《仁王般若经》，每天讲经说法时，高昌王麴文泰都手持香炉亲自迎候，并跪下为阶，让玄奘踩在他的身上就座。

高昌佛事盛大，上千名僧人，听经吟诵，佛号高荡，让佛教的烟香弥漫在高昌国上空。

一个月后，麴文泰也信守承诺，不仅为玄奘送行，而且大行方便之宜，写了24封致西域各国的文牒，还赠送了马匹和25名仆役以及大量的衣物、钱财，并挥泪送别，嘱托玄奘取经回来，再到高昌传播佛法。

高昌国因为什么而灭亡

高昌国是西域的一个佛教国家，位于吐鲁番盆地中。自汉代以来，高昌一直是内地士兵屯田的重要场所，两汉时期的戊己校尉就驻扎在此地。因为地理位置重要，曾先后出现四个汉族独立王国——阚氏高昌、张氏高昌、马氏高昌及麴氏高昌。

作为古时西域的交通枢纽，地处天山南路北道沿线的高昌，是东西交通往来的商业要冲，也是古代新疆政治、经济、文化中心之一。

据一份流落到日本的唐天宝记账本记载，高昌城的商品中，既有中原名产，又有外来货，如突厥马，天竺和大勃律的药材、香料。

当然，高昌国的特产也很多，著名的土产有赤盐、白盐、葡萄、冻酒、刺蜜、白面、叠布（棉布）及丝织品等多种。

高昌国是汉人建立起来的一个小国，这个王国从建立开始就一直由中原王朝庇护着。即使在中原王朝衰落无法庇护他们的时候，也会寻找更强大的部族势力去依附。

也正是这样的原因，高昌国到了麴文泰时代，慢慢起了变化。

麴氏是统治高昌最长的统治者了，唐朝建朝时，麴氏高昌已经立国有百年了，作为百姓大都是汉民的一个小国，依然向往中原王朝。

不过，后来胡汉夹杂的生活状态，尤其是胡汉通婚后，麴氏的后代对中原王朝的情感就慢慢变淡了。

唐太宗时，麴文泰还曾求见李世民。虽然他表面与唐朝交好，但是内心却有着统一西域的野心。

也许是因为麴文泰看到初唐时的实力还不够强大，也许是他的野心膨胀，竟然断绝了西域商人与中原的来往。开始时，太宗还不以为意，以为是偶发事件，可是当麴文泰拒绝征召入朝，李世民拍案而起，立即派侯君集前往讨伐。

之所以有与大唐叫板的底气，是因为麴文泰自以为找到了新的靠山。他依附于西突厥后，开始与强大的唐朝作对，在丝绸之路上拦截商人和使者。

英明的李世民，在实力还不是很强大的初唐，集中力量办大事！他发布了《讨麴文泰诏》，把矛头全部指向了高昌国。诏书全篇都是历数麴文泰的罪行，提到西突厥也仅仅是说，麴文泰挑拨了西突厥的内战，结论还是要惩罚麴文泰。

可是有点不知天高地厚的麴文泰，还以为高昌坚不可摧，况且又有荒漠大碛难以逾越，便认为远在几千里之外的唐朝奈何不了自己。

麴文泰对唐朝的使臣说："鹰飞于天，雉窜于蒿，猫游于堂，鼠安于穴，各得其所，岂不活耶！"

于是唐太宗下定决心："明年，当发马兵以击尔。"

但麴文泰还是没当回事，对自己的身边人说："吾往者朝觐，见秦、陇之北，城邑萧条，非复有隋之比。设今伐我，发兵多则粮运不给；若发三万以下，吾能制之。加以碛路艰险，自然疲顿，吾以逸待劳，坐收其弊，何足为忧也？"

可是，当唐军到达碛口时，麴文泰竟然"忧惧不知所为，发疾卒"，活活给吓死了！

麴文泰死后，他的儿子继位。本指望西突厥能够前来救助，结果西突厥还没有等唐军到，早就溜之大吉了。

结局当然是高昌国必须听从大唐政权的号令！

唐太宗将高昌国改为西州，并设置安西都护府，大规模地经营丝绸之路，高昌由此成为西域最大的国际商会。

高昌国

· 高昌国位于今新疆吐鲁番市高昌区东南。公元5世纪中叶至7世纪中叶，在吐鲁番盆地中，曾先后出现四个汉族独立王国，先后分别是阚氏高昌、张氏高昌、马氏高昌及麹氏高昌。

· 高昌是古时西域交通枢纽，地处天山南路的北道沿线，为东西交通往来的要冲，亦为西域政治、经济、文化的中心地之一。

· 历代高昌国的国王都尊崇佛法，其中以麹文泰为最。唐三藏西天取经，被高昌王麹文泰极力地挽留在自己的国家传播佛法。

· 高昌国的特产很多，著名的土产有赤盐、白盐、葡萄、冻酒、刺蜜、白面、叠布（棉布）及丝织品等多种。

· 贞观十四年（640年），高昌国为唐所灭，置高昌县，后设安西都护府统之，安史之乱时高昌被回鹘侵占。

第二十二章

　　没有一个民族像突厥这样起源神秘，众说纷纭，有匈奴说、铁勒说、丁零说、中原说、乌孙说，等等。最有意思的传说还是和狼联系在一起，因狼而生，具备狼一样的勇猛与果敢，狼成了这个民族的图腾。

突厥汗国——与狼共舞的草原霸主

神奇的传说告诉你突厥民族的性格

灭柔然而建突厥汗国，中国古代北方又一强大的少数民族政权产生了。

突厥的祖先为古匈奴北部族，统治家族的姓氏是阿史那，意思是"高贵的狼"，也具有"蓝色"的意思，阿史那部也因此被称为"蓝突厥"。这里的"蓝色"并不是说他们长着蓝色的眼睛，而是指最高天神"腾格里"，象征着这个家族对突厥的最高统治权。他们居住在金山（即阿尔泰山）之阳，以游牧为生，由众多部落组成。

突厥这个民族的产生，与一种动物相关，那就是狼！你还别不信，这种说法就被记录在唐朝史学家李延寿编著的《北史》里。

突厥与狼共舞的故事，有两种版本。

版本一，突厥本是匈奴的一支，后被邻国所灭，当时还剩下一个十岁的小男孩，一个士兵动了恻隐之心，没有杀死他，不过还是将他砍去双脚扔到荒草中。

其实，这也是相当残忍了。但是，一只从这里经过的母狼把孩子叼走了，不仅没有吃他，还养育了这个孩子！

孩子渐渐长大，为了报恩，就与狼生活在一起了。

当初将这孩子家族斩灭的国王听说有这样一个小孩已经长大，觉得非常不可思议。他知道老天在帮这个孩子，怕有后患，便派人去将他杀了。

士兵们杀死了这个已长大的孩子，发现还藏着一只狼。他们想，这次要杜绝后患，便一拥而上准备逮这只狼。可是狼拼命逃跑，逃到了高昌北边的一个山洞里。

神奇的事情再次发生，就在那个山洞里，这只幸运存活下来的狼竟然生下了十个小男孩。他们逐渐长大成人，各自成家，繁衍后代。

其中一支，生活在阿尔泰山一带。阿尔泰山形似作战时的头盔，当地人称其为突厥，所以他们就以突厥为族号了。

版本二，突厥族原在匈奴之北，首领有兄弟17人，个个都很精干。其中一个叫伊质泥师都，尤其彪悍。

泥师都后来娶了两个妻子，其中一个妻子怀孕生下了四个男孩。

长子叫纳都六，尤其出众，能征善战，凭着自己的本领当上了部落首领，带着自己的族人打下来一片天下，定国号突厥。

纳都六有十个妻子，个个都生了儿子。现在的问题来了，谁来继承纳都六的位置呢？最后，还是一位妻子想出了一个办法，各自让自己的儿子来到大树下，让他们凭本事向树高处跳跃，谁跳跃得最高，谁为首领。

最后取胜的是纳都六小妻所生的阿史那，他年幼敏捷，比所有的孩子跳得都高，于是被推举为首领。实际上，他们的孩子都能蹦会跳，因为他们是狼的后代！

这当然是传说，但是，故事的背后是精神追求，说明突厥这个民族崇拜狼的勇猛和果敢，具有狼一样的进攻勇气与合作力量。

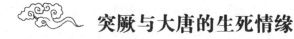

突厥与大唐的生死情缘

隋朝虽然统一了天下，但是命不久矣！

短短的几十年后，中原又遭大乱，群雄纷起！

当时北方以突厥力量最盛，中国北部诸侯无不以突厥人为依托，致使其大规模南下，深入中原腹地。

蛰伏在太原的李渊，瞅准了机会，也扯起了反叛的大旗，志在天下！

但是，如果不把突厥搞定，自己南进过程中就非常危险。所以，李渊在太原起兵前，不得不先向北方的突厥称臣，然后才能无后顾之忧，攻向长安，逐鹿中原。

此为一辱也！

唐太宗靠着残酷的手段夺取了皇位，此时天下还不稳定，可北方的突厥大军还南下生事，居然毫不费力地直抵长安，攻至距长安仅40里的泾阳（今陕西泾阳县），京师震动。

面对来攻的突厥，李世民审时度势，知道此时与突厥硬杠是不明智的，立即放下身段，只带了高士廉、房玄龄等六骑至渭水边，隔渭水与颉利对话。

在长安城西郊的渭水便桥上，李世民与颉利可汗签署城下之盟，即著名的"渭水之盟"，又称便桥之盟。

据《资治通鉴》记载，唐太宗杀白马与突厥可汗之结"渭水之盟"，突厥兵于是退去。

此二辱也！

这两个耻辱促使唐太宗励精图治，专注于民政休养生息和强化军队建设，仅用四年时间，就使流散者咸归乡里，斗米不过三四钱，全境夜不闭户，行不带粮。

此所谓"贞观之治"！

当然，大唐强大起来，并没有消磨李世民报受辱之仇的意志。

同样受突厥欺辱的代州都督张公瑾强烈建议予以打击，唐太宗再也忍不住了，下定决心，举全国之力，出击东突厥。

此时，一位英雄开始登上了中国军事舞台，他就是李靖。这位李靖可不是托塔天王，而是一位赫赫有名的军事将领，是大唐杰出的军事家。

李靖一生征战数十年，为唐王朝的建立及发展立下赫赫战功。他的治军作战经验，进一步丰富了中国古代的军事思想和兵法理论，著有《六军镜》《卫公兵法》等多部兵书，可惜多已失传。

公元630年正月，朔风凛冽，李靖接受李世民之命，率领三千玄甲军，冒着严寒，从马邑出发，向恶阳岭挺进。

这个玄甲军可了不得啊，得之于太宗的衣钵。

据《资治通鉴》记载："秦王世民选精锐千余骑，皆皂衣玄甲，分为左右队，使秦叔宝、程知节、尉迟敬德、翟长孙分将之。每战，世民亲被玄甲帅之为前锋，乘机进击，所向无不摧破，敌人畏之。"

所谓的"玄"，就是黑色的意思，同时也有厚重的含义，"甲"为盔甲，也就是说，这支部队是穿着黑铁盔甲作战的。

这是古代的特种部队，一般是指以进行冲锋作战为主要任务的骑兵。

颉利没有想到唐军会突然进攻，兵将相顾，无不大惊失色。再看看这威武的阵仗，更是紧张得不得了。

这自然影响了突厥的战斗力。李靖长驱直入，在夜幕的掩护下攻入城内。颉利可汗仓皇出逃，李靖首战大胜！

这个胜利来之不易啊！李世民不无感慨地大赞："汉朝李陵带领五千步卒进攻匈奴，最后落得归降匈奴的下场，尚且得以留名青史。李靖以三千骑兵深入敌境，攻克定襄，威震北狄，这是古今所没有的奇勋，足以雪往年在渭水与突厥结盟之耻。"

颉利可汗运气很糟糕，在逃跑过程中又遇到了李勣。唐军士气大振，奋力冲杀，把突厥军打得溃不成军。

颉利可汗唯一的办法，就是求和！

但是，李世民并不接受颉利可汗的求和。他一方面命李靖为定襄道行军总管，率军迎接颉利，同年二月又派鸿胪卿唐俭、将军安修仁去抚慰颉利；另一方面，他又暗示李靖瞅准机会彻底摧毁突厥。

因为唐朝的举措，让颉利可汗放松了戒备。李靖乘机选拔精骑一万，携带二十天的军粮，带兵从白道袭击突厥，同时令李勣领军跟进。

李靖率军进至阴山，解决了突厥的侦察兵后，派前锋苏定方率领的两百余骑又乘着大雾，悄然疾行。

颉利可汗做梦也想不到，唐军会突然攻击，直到距牙帐七里远的地方才发觉唐军到了，颉利慌忙骑马逃走，突厥军四散而逃。

颉利可汗率万余人想北过大漠，投奔沙钵罗设阿史那苏尼失，在碛口被李勣阻拦，不能北逃，其首领大多投降。

后来，颉利就被行军副总管张宝相擒获，并送到京师。东突厥从此灭亡。

唐朝对突厥的斗争，由开始的安抚和防御转为进攻，促使突厥内部分裂和内乱。随着唐朝对突厥用兵，分别于公元630年和657年彻底击败东、西突厥，俘虏东突厥颉利可汗和西突厥沙钵罗可汗，导致了突厥汗国的灭亡。

为了安抚与稳定西域的发展，唐朝在原东、西突厥领地分别设立都督府和都护府，实施行政管理。

唐朝与东、西突厥的冲突，稳定了西域局势，保障了丝绸之路的畅通，并消除了边境的威胁，客观上促进了中华民族大融合。

突厥汗国

· 突厥汗国（552—657年，682—745年）是六世纪中叶崛起于中国北方漠北的以游牧为主的部落联盟国家。

· 关于突厥人起源的说法，众说纷纭，有匈奴说、铁勒说、丁零说、中原说、乌孙说等。

· 突厥汗国始由阿史那部落、阿史德部落建立。公元583年因隋分化离间，突厥分裂为东突厥、西突厥，并分别于630年与657年亡于唐。

· 公元682年后突厥复国，至745年为回纥汗国所灭，东西突厥前后共立国近170年，曾对东魏、西魏、北齐、北周、隋、唐等朝造成很大威胁。

第二十三章

契丹族是活跃在中国北方的一个强大的游牧民族，他们骁勇善战，足智多谋，凭借智慧与武力统一了东北，建立了大辽政权。他们创造契丹文字，记录自己风云跌宕的历史。但是，随着让整个世界为之颤抖的蒙古族的崛起，存世七百余年的契丹族不但丢失了自己的草原梦想，也走向了灭族的悲惨境地。

契丹——丢失草原梦想的骁勇英雄

大辽两个女人的意乱情迷

在辽国的历史上，有两个女人是要名垂千古的，一位是被尊崇为睿德神略应运启化法道洪仁圣武开统承天皇太后的萧绰，另一位是自称为承天太后的耶律普速完。

前者带领契丹走向全盛，后者则让辽国衰弱。

不过，两位女王有一个共性，都有自己宠信的对象，一位是自己旧时的恋人，一位是自己的小叔子。

大宋建国初想收复燕云十六州，先后于公元 979 年、986 年两度北伐，都败给了辽国！包括北宋名将杨业，也就是"杨家将"里的杨继业，也落得兵败身亡。

这位萧太后是何方神圣，为何能让大宋的皇帝两次惨败，一位威震北方的大将身亡？

这位太后小名燕燕，大名萧绰。听其名，就知道其对汉文化的好感。"绰"有轻盈柔美之意，取自唐代诗人元稹"曾经绰立侍丹墀，绽蕊宫花拂面枝"的诗句，实至名归。她不仅侍奉天子，自己还拥有了天子一样的权力。

燕燕出身贵族，为大臣萧思温的女儿，从小聪明伶俐，办事认真，不怕困难，干脆利落，深得父亲赞许，认为此女将来必成大器。

果不其然，燕燕最终成为景宗的贵妃，不久就被册封为皇后。

可惜，景宗体弱多病，燕燕逐渐开始协助他处理国家事务。

燕燕的沉稳大气、卓越才能和不输给任何男人的那股刚强劲头，让景宗非常满意，逐渐放心大胆地把政务交给她独立决断。

他相信她。她也知道这份信任的分量。

保宁八年（975年），辽景宗谕史馆学士："在书写皇后言论时也应称'朕'或'予'。"这表明萧绰可代皇帝行使职权。辽景宗的许多政绩都有萧绰的功劳。

燕燕三十岁时，景宗先其而去，大权终落到燕燕手中。

但是，政治环境复杂，孤儿寡母，自然需要依靠！

当时，能给她依靠的就是韩德让。这个汉人绝不是吃软饭的，野史对其种种攻击的确欠妥。

韩德让出生于辽朝权势之家，祖父为辽国开国功臣，父亲为副都留守，其兄弟几个都是当朝手握重兵的悍将。

燕燕的确是对韩德让动了心的，为了得到他，派人杀了韩的妻子，这段君臣恋一直维持到萧太后去世。韩德让得到辽圣宗允许，赐名耶律隆运，死后陪葬在萧太后陵墓之侧，继续守护着爱人。

但萧太后绝非轻薄女子，她是一位政治家，寻求的是政治联姻！

与韩德让的强强联合，挫败了阴谋作乱的契丹贵族，并收回了贵族的兵权。有才干的汉人在当朝进一步得到重用，同时也给许多能人异士提供了展现抱负的机会。

自此，契丹逐年走向鼎盛，对内缓和了社会矛盾，社会稳定，人口增长，对外逼着大宋签下澶渊之盟。这就奠定宋辽百年和平。

而另一位也称为承天太后的耶律普速完，就没有这么幸运了。

她是德宗耶律大石之女，仁宗耶律夷列之妹，下嫁权臣、六院司大王（即南院大王）萧斡里剌之子萧朵鲁不。

公元1163年，仁宗驾崩，由于太子耶律直鲁古年幼，所以由普速完临朝称制，号承天太后。

第二十三章 契丹——丢失草原梦想的骁勇英雄

后来，普速完扔掉太后的头衔，改称皇帝，号承天皇帝。

耶律普速完登基后，执政基调以求稳为主，基本上沿袭先前的各项政策，因而国内外局势稳定。

与此同时，耶律普速完在暗中拉拢反对萧斡里剌的力量，并尝试着分化萧斡里剌集团的势力，将军政大权收归皇室。

凭借女人的直觉，小叔子萧朴古只沙里很快进入了她的视线。

萧朴古只沙里是萧斡里剌的次子，无抱负，少远见，父兄都不看重他，在家中的地位不高，因而对父兄甚为不满。

耶律普速完正是瞅准这一点，不仅以牺牲色相来引诱小叔子，而且还许诺给他高官厚禄。在嫂子的温情攻势下，萧朴古只沙里最终决定投靠皇室。

纸里包不住火，普速完执政后与小叔子萧朴古只沙里私通，势必会被萧朵鲁不得知，唯一的办法是解决了他！

办法总是有的，但是，普速完将丈夫萧朵鲁不处死的决定，令公爹萧斡里剌大为愤怒。

就在普速完称帝后的第二年，萧斡里剌发动政变，射杀了女皇普速完和自己的逆子萧朴古只沙里，并拥立直鲁古为帝。直鲁古也是辽国的最后一个皇帝。

大宋皇帝缘何怕契丹

大宋皇帝开始并不怕任何人，后来因为与契丹交战屡次失败，在心理上恐怕就有了一片阴影！

要是求这片阴影的面积，可能还需要从一个为了权力，丢失国格的人说起。

他就是外表朴实稳重，寡于言笑的后晋皇帝石敬瑭。为了登上帝位，石敬瑭自己的力量不够，竟向契丹求援，割让幽云十六州，甘做"儿皇帝"。

这种认贼作父、卖国求荣的行径，自然为世人不齿！即便是石敬瑭的亲信刘知远也表示反对，他进谏说："称臣可矣，以父事之太过。厚以金帛赂之，自足致其兵，不必许以土田，恐异日大为中国之患，悔之无及。"可是石敬瑭不听劝阻。

契丹主耶律德光得表大喜，早就梦寐以求逐鹿中原了，正愁没有机会，送上门的好事怎么会拒绝？

辽太宗耶律德光随即出兵，辽朝的势力得到了空前的发展，后晋、后汉甚至南方的南唐，都一度向其主动"称臣"。

重要的是幽云十六州乃北部天然屏障，至此中原完全暴露在契丹铁蹄之下。这是后来建立起来的大宋历代皇帝的心病。

宋太祖赵匡胤建立北宋，并逐渐实现了中原的大一统。雄心勃勃的太祖和太宗，力图恢复盛唐时期的疆域，实现真正意义上的"大一统"。

幽云十六州岂能忽略?

应该说,太祖是军人出身,自然有很强的战斗力,无惧契丹军队。当时契丹入侵棣州(治所位于今山东惠民县辛店乡先棣州村),赵匡胤亲征北汉,辽朝出兵干预,分道来援,但均被宋军击溃。

但是,到了太宗皇帝,他并非行伍出身,一介文人,并非帅才与将才,也学他哥哥,想武通天下。

最为魔幻的是高梁河之战。宋太宗为夺回五代时后晋石敬瑭割给契丹的燕云十六州(北京至山西大同等地区),拿下北汉后,有点飘飘然,以为契丹也是能够这么容易打败的。

军队未经休整和准备,也没有开作战会议,研究可行的方案,即转兵攻辽,企图乘其不备,一举夺取幽州。

辽景宗耶律贤得知幽州被困,急令精骑增援。辽军反击,宋军三面受敌,顿时大乱,全线溃退,在高梁河(今北京西直门外)被辽军击败。据说,太宗皇帝的屁股还中了一箭,最后是乘驴车逃走的。

这一箭之仇,太宗自然不会善罢甘休。过了几年,宋太宗再次发动对辽战争,结果又被辽军大败于岐沟关。

这两场战争对宋朝的震动非常大,进而埋下了宋朝各阶级对辽国"恐惧与怨恨交加"的心理。

这里的失败,不单单是军事上的,也是心理上的,使得大宋"天下中国"的地位受到了强烈的冲击。

其实,除了高梁河之战和岐沟关之战的狼狈外,契丹给大宋带来的屈辱,还有很多。

这里不得不提到历史上著名的"澶渊之盟"。1004年,契丹南侵,主战派寇准力谏宋真宗亲征。

宋军坚守辽军背后的城镇,又在澶州(河南濮阳)城下以八牛弩射杀辽将萧挞凛。

契丹看这样打下去，肯定占不了便宜，就通过降辽旧将王继忠与北宋朝廷暗通关节。

宋真宗答应议和，派曹利用前往辽营谈判。于十二月间（1005年1月），与辽订立和约：辽宋约为兄弟之国，宋每年送给辽岁币银10万两、绢20万匹，宋辽以白沟河为边界。因澶州（河南濮阳）在宋朝亦称澶渊郡，故史称"澶渊之盟"。

这真是奇谈怪论，自己明明有优势，却要议和；议和也可以啊，但是自己这一方是取得优势的，缘何还要赔款纳贡呢？

不过，客观上来讲，澶渊之盟后，宋辽两国百年间不再有大规模的战事，礼尚往来，通使殷勤。

契丹

· 辽朝（907—1125年），是中国历史上由契丹族建立的朝代，共传九帝，享国二百一十八年。

· 公元907年，辽太祖耶律阿保机成为契丹可汗，公元916年始建年号，建国号"契丹"，定都上京临潢府。

· 公元947年，辽太宗耶律德光率军南下中原，攻占汴京（今河南开封），于汴京登基称帝，改国号"大辽"，改年号为"大同"。

· 公元983年复更名"大契丹"。公元1007年辽圣宗耶律隆绪迁都中京大定府（今内蒙古赤峰市宁城县）。公元1066年辽道宗耶律洪基复国号"大辽"。公元1125年被金朝所灭。

· 契丹族本是游牧民族，后吸收农耕技术，为了保持民族性将游牧民族与农耕民族分开管理，主张因俗而治，开创出两院制的政治体制。并且创造契丹文字，保存自己的文化。

第二十四章

　　鄀国是春秋时期的一个小国，在秦国和楚国两个大国的夹缝中生存，只能过着"朝秦暮楚"的生活。后来，秦国夺取商密，鄀国迁都到如今的湖北省宜城市，史称"上鄀"。迁都后，鄀国成为楚国的附庸国，也不知何年何月，鄀国在历史的长河里神秘消失了。

鄀国——
朝秦暮楚的悲歌

一条河住着一个国

先秦时代，一条河住着一个国家，就是若水的都国。

古文献里都、箸、若等字互通。若水即都水，即今雅砻江与金沙江合流后的一段，中心区在汝州市纸坊镇。

黄帝时期，黄帝的次子昌意被封于若水，建立了姬姓都国（婼国）。

昌意入若（都），取代了古婼部落，此为都国的开端。

秦代《吕氏春秋·古乐》载："帝颛顼生自若水，宧处空桑，乃登为帝。"

《世本》曰："婼，姬姓之国，黄帝之子昌意降居若水为诸侯，此其后也。"

说的就是都国的起源。

据说，幼年颛顼曾随母亲昌仆游居于空桑外祖母家，十岁时到伯父封国少昊国（河南平顶山市滍水流域），协助青阳治理九黎族，二十岁在空桑（今嵩县）加冕登帝，后迁至帝丘（今河南濮阳市）。

颛顼帝时期，昌意之族都人随迁帝丘。颛顼帝将其故地（今汝州市）封于允格族（允姓），取代姬姓都国，从此为允姓都国。

这是有依据的，《世本》载："若水，允姓国。"《辞海》里也说："都，古国名，允姓。"

值得关注的是，都国并非想象的那么弱小，其实，都国历史非常悠久，地位也不低，经济生活也不差。否则，楚国的君王也不会去都国盗牛了。

据《楚居》记载："至酓绎，与屈紃，思都嗌，卜徙于夷屯，为楩室。室既成，无以内之，乃窃郡人之犝以祭。惧其主，夜而内尸，抵今日夕，夕必夜。"

大意是楚国的开国君主熊绎受到周成王的分封，在熊绎和屈紃带领自己的部族迁徙到夷屯的丹阳封地后，建了一座用于占卜和祭祀的庙宇。庙堂建好了，却没有可以用来祭祀的贡品。万般无奈之下，只得到郡国去偷盗了一头还没长角的小牛。因为怕郡国小牛的主人找来，便连夜宰杀后进行了祭祀。

其实，商朝与周天下初期的时代，郡国的影响力还是蛮大的。商时以占卜著名，甲骨文卜辞有"若受年"的记载。

中国历史博物馆藏有西周的青铜器"士山盘"，盘底有铭文 8 行 96 字，其中的铭文就提到郡方，可见西周时代已经有了名为郡的方国。

据说郡国有自己的纪年与正朔（郡正），不用周正，不奉纪周王统年。

可想而知，郡国的文化力量在当时还是比较强大的。

古籍中对郡国的记载也不少，商武丁时期至商末，郡国一直是商王朝一个综合实力较强的王国，在商朝政治地位较尊，经济实力较强，文化水平也较高。其首领多在商王室任要职。

据考证，郡国经济或与商王朝息息相关，商王时常为郡国的年收成情况而问卜，甲骨文卜辞有"若受年"的记载。

商朝后期，郡国的活动范围，以它和商王朝的关系，应当是距王朝的政治中心相去不远，仍在汝水流域一带。

比较神秘的是，郡国不知道何时灭亡，因为何事灭亡。

有人依据公元前 613 年，楚国公子燮与子仪在楚国郢都作乱事件，推断郡国灭亡年应该是在公元前 622 至公元前 613 年之间。

因为当时叛臣胁持初即位的楚庄王"如商密"，此时商密已成为楚邑。

因为目前能考证的文字信息很少，鄀国如何灭亡依旧还是一个谜。

 心惊胆战的朝秦暮楚生活

"朝秦暮楚"的典故出现得比较晚，出自北宋晁补之《北渚亭赋》："托生理于四方，固朝秦而暮楚。"

原意是战国时期，秦楚两个诸侯大国相互对立，经常作战。有的诸侯小国为了保证自身的利益与安全，时而倾向秦，时而倾向楚。

当然，晁补之用在这里是表示人反复无常，没有原则。亦比喻行踪不定或生活不安定。

但从某种程度上讲，这种在秦楚夹缝中生存无疑是一种智慧。

这个成语的来源是《左传·定公四年》载："初，鄀叛楚即秦，又贰于楚。夏，秦人入鄀。"

说的是公元前622年，鄀国先背楚投靠秦，后又叛秦投靠楚。于是，秦发兵攻打鄀国，城破。不久楚又夺回。由于鄀背秦向楚，楚穆王便让鄀君举族南迁至楚国腹地。

很显然，位于秦、楚国间的鄀国为了生存，不得不成为"朝秦暮楚"之国。

可以想象一下，那些处于秦楚两国战场夹缝中的地区和百姓，无疑是深陷两军交锋的最前沿，他们为了自身的利益与生存，时而倒向秦国，时而又投靠楚国，日子是多么煎熬啊！

这种"人为刀俎我为鱼肉"的生活，是当地人一种避无可避的无奈之举，在那个烽火连年，刀兵不歇之地，生存就被放在首要位置了。

不过，周朝初期，作为商朝时颇具影响的国家，鄀国还是得到尊重的，受到了周王室的册封，初期日子过得还算安稳。

但是，到了春秋时期，礼崩乐坏，诸侯国间以武力说话，相互战争，相互兼并。

鄀国是一个小国，文化经济都还不错，但是武力薄弱，哪里是大国的对手？虽然沦为了依附于楚国的一个小国，但是因为鄀国的国都商密（后来的商於地）占据着十分重要的地理位置，是秦、晋、楚三国交界的黄金地带，这个位置与秦楚两个大国发生矛盾是很正常的事情。鄀人为了生存不得不两头讨好，就诞生了一个成语——朝秦暮楚。

当然，朝秦暮楚只是权宜之计，很快就被秦国看透了。秦师攻打朝秦暮楚的鄀，城破，楚穆王未予理会。

后来，鄀又背秦向楚，楚穆王便让鄀君举族南迁至楚国腹地，日子过得还算安稳。

楚国在鄀国故地商密、新居地宜城都设了县，进行治理。后来，"上鄀公簠""下鄀公鼎"等春秋中晚期鄀器物纷纷现世，世人才知道鄀分为上鄀和下鄀。楚国在宜城和商密所设的县就称为上鄀县和下鄀县。此处的"公"是楚县令的尊称，说明在先秦时代，"县"这一级单位就存在了。

郙国

·郙国，春秋时期一个弱小的诸侯国，国君为允姓，位于秦国和楚国之间，最终为楚国吞并。

·春秋时迁到河南淅川南边内乡县境，称为下郙。是秦楚界上的小国，曾被秦攻取郙国都城商密，迁徙后灭于楚，以国为氏的为郙氏。

·中国历史博物馆藏有西周的青铜器"士山盘"，盘底有铭文8行96字，其中的铭文就提到郙方，可见西周时代已经有了名为郙的方国。

·《世本》曰："楉，姬姓之国，黄帝之子昌意降居若水为诸侯，此其后也。"说的就是郙国的起源。

·有人依据公元前613年，楚国公子燮与子仪在楚国郢都作乱事件，推断郙国灭亡年应该是在公元前622至公元前613年之间。

乌孙国——西域乱世中的常青树

第二十五章

　　乌孙国以游牧为业，逐水草而居，夹在大汉与匈奴两霸之间，是个不可或缺的角色。它初期依靠匈奴力量，从弱小部族变成区域强权；随着形势的变化，又义无反顾地投入汉朝怀抱。可以说，乌孙国是西域乱世中不倒的常青树。

"乌孙"的身份认同

"乌孙"，出现在历史的视野，当然与一个人相关，他就是张骞。

想当年，汉武帝派张骞出使西域，联系与匈奴有仇的大月氏，意图对匈奴形成两面夹击。不过，张骞的运气不太好，被匈奴人抓住，虽未杀他，却也软禁了他十年。

但是，一代民族英雄张骞并未丧失进取之心，而是利用这十年，探听到了许多关于西域的风土人情。

与其说张骞出使西域是为了军事目的，不如说是一次彻头彻尾的文化考察，把西域三十六国摸得一清二楚，其中自然就有乌孙国。

据《史记·大宛列传》记载，张骞曾向天子汇报说："臣居匈奴中，闻乌孙王号昆莫，昆莫之父，匈奴西边小国也。"

不过，"乌孙"的独特之处在于，它既是西域一个少数民族的名字，也是这个民族建立的国家的国名。

那么，"乌孙"是怎么来的呢？

主流说法是，乌孙族是西戎乌氏国被秦国灭亡后西迁的余民形成的。

此外，还有几种不同的说法：

一、来自匈奴族。乌孙"不田作种树，随畜逐水草"，习俗与匈奴相同，王室与匈奴关系密切。

二、来自突厥族。乌孙与突厥的民族图腾均与狼有关，乌孙语的一些表达与突厥语近似，突厥阿史那氏系乌孙的后裔；更重要的是，乌孙分布的区域恰是后来突厥族兴起的基地。

三、来自东伊朗族。这主要是苏联一些考古学家的观点，特别是从 50 年代起，苏联考古学界有很多学者认为乌孙是东伊朗族塞卡人。

虽然说法不一，但乌孙是乌孙人的乌孙。他们以游牧为业，逐水草而居，在放牧的同时还常常狩猎，住毛毡帐篷，以牛羊肉为食，以牛羊奶为饮品。

乌孙人给大汉的印象是性情刚烈暴躁，贪婪狠毒，不讲信用。也许正因为如此，公元前 177 年，乌孙被月氏击败，国王难兜靡被杀。乌孙国面临着覆灭的危机。

不过，很幸运的是，难兜靡留下了一个儿子，名叫猎骄靡，当时还是个婴儿，后来鬼使神差地到了冒顿单于那里，成了匈奴人的养子。

猎骄靡得到了冒顿的喜欢，长大成人后，冒顿扶持他做了乌孙的王。

猎骄靡复国后，自然要为父报仇，结局是月氏人大败，后被迫继续西迁。

打败了月氏后，乌孙国占据了原为月氏人所有的伊犁河、楚河地区。留在那里没有逃走的月氏人和原先臣服于月氏的塞种人从此成为乌孙国的臣属。

自从，乌孙在西域的实力大为增强，成为西域诸国中数一数二的强国，几乎可以与匈奴分庭抗礼。

当然，汉朝不希望匈奴有一个实力强劲的外援。因此，自汉武帝时期开始，就积极与乌孙王和亲，希望让匈奴失去这个重要的盟友。

可是，这样做的效果并不理想，到了汉昭帝时，乌孙与汉朝的关系变得真正亲密起来，与匈奴的关系则越来越疏远了。

匈奴对此自然有意见，出动大军攻取了乌孙的车延、恶师，掳掠百姓牲畜。

汉朝这边呢，也不甘示弱。汉宣帝时，调集了 15 万大军，发起了西汉时期对匈奴的最后一次大规模征讨。

这次出征，汉军大获全胜，不但给乌孙解了围，更是稳定了西部边防。

只是到了后来，柔然强势崛起，乌孙国的东部被北匈奴的遗民建成悦般国。乌孙国多次遭到柔然汗国的侵略，难以抵挡，历经 600 年左右，无奈地退至帕米尔高原。

乌孙就此成为无根的浮萍，虽逃避开了柔然之侵，终究免不了民心离散，逐渐消散在了历史的长河之中。

 ## 解忧公主是怎么给乌孙解忧的

民族之间有矛盾是常态，处理矛盾的方式很多，除了激烈的对抗之外，还有和亲的方式。

和亲，是中原王朝统治者与外族或者外国出于各种目的而达成的一种政治联姻，这种做法贯穿于中国古代历史，对古代中国发展有着或隐或显的影响。

这里说的乌孙国，夹在匈奴与大汉之间，乌孙的政治态度直接影响着匈奴力量与大汉实力的消长。

这当然会被雄韬武略的汉武帝捕捉到，他为了"与乌孙共灭胡"，不惜打破儒家教条，"从其国俗"进行和亲。细君公主先是嫁给猎骄靡，后来猎骄靡去世，又改嫁给猎骄靡的孙子军须靡，可以说是孙子娶了祖母。而解忧公主则是先后嫁给三位乌孙昆弥，第一任是军须靡，第二任是军须靡的堂弟翁归靡，这次再嫁属于"兄弟死，取其妻妻之"，第三任丈夫是军须靡的儿子泥靡，属于"父死，妻其后母"。

在文人的视角里，"那堪将凤女，还以嫁乌孙"，对大汉的和亲政策颇有微词。但放眼整个历史，大汉王朝之所以能击败匈奴，除了两汉强大的国力以外，乌孙国的作用至关重要。

解忧公主是楚王刘戊的孙女，出生在汉武帝时代。她虽贵为皇族，但因祖父曾参与"七国之乱"，其家族受牵连，沦为庶人。

解忧公主自己家族的忧愁就难解了，哪里还有机会为国分忧啊！

不过，时代却给解忧公主带来了好运。公元前101年，西域距离长安最远的乌孙国使者来到长安，上书恳请想续娶一位汉族公主，继续之前的乌汉联盟。

汉武帝环顾四周，唯有刘解忧最为合适。此时的刘解忧年方十九，于是成了和亲的不二人选，远嫁乌孙国。

汉武帝为解忧公主准备了丰厚的彩礼，配齐了护卫人员。十九岁的解忧公主告别长安，来到乌孙，依旧被封为右夫人。

麻烦在于，乌孙王还不得不接受匈奴送来的公主，封为左夫人。两位夫人谁更得宠，关系着乌孙与汉匈之间哪一国关系更亲近。

考验解忧公主智慧的真正时刻到了。

应该说，匈奴公主有其天然优势，无论是语言习俗，还是生活习惯，乌孙与匈奴是一脉相承。

不久，匈奴公主又为乌孙王军须靡生了一个儿子，取名泥靡，成为王位继承人。乌孙与匈奴的关系日益亲近了。

但是很快军须靡病危，儿子泥靡年纪实在太小，不能担当重任，王位就落到了军须靡的堂弟翁归靡身上。

按照惯例，翁归靡继承王位，也需接纳堂兄的两位妻子。聪明的解忧公主敏感地察觉到自己的机遇到了。她学会了乌孙语，习惯了乌孙的风俗习惯，抢先走近了这位新国王。

解忧公主为翁归靡生了5个子女，其中有3位王子——元贵靡，万年，大乐；两位公主——弟史和素光。解忧公主成了名副其实的乌孙国母。

当然，解忧公主的成功，不是一个人在战斗，她带来的团队很优秀，尤其是她的侍女冯嫽，可谓中国古代第一位女外交家。

冯嫽虽为刘解忧的侍女，但远在异国他乡，两人相互抚慰，情同姊妹。

冯嫽生性聪慧，知书达礼，善写隶书。她代表解忧公主深入乌孙的内部，没过多久，便已通晓西域的语言文字及风俗习惯。

冯嫽不愧为古代第一位女外交家，她在解忧公主身边，凭借三寸不烂之舌，多次化解了乌孙国内的动乱。

公元前51年（汉甘露三年），年逾古稀的解忧公主深切地思念自己的故土，终于得到汉朝的应允，带着孙子孙女回到了日思夜想的长安城。

离家时红颜如花，归来时银丝如雪，中原繁华依旧，儿女韶华已逝。

汉宣帝以极高的规格接待、安置了这位功高盖世的大汉公主。解忧安度了两年的晚年时光后，在长安去世。

历史似乎遗忘了功勋卓著的解忧公主，大家都知晓昭君出塞的故事，而她与昭君一样都为大汉朝的安宁做出了贡献，可惜了解她的人实在太少了。

刘解忧识大体，顾大局，性格坚毅果敢，以其大义凛然之气和聪明才智，为西域的繁荣稳定做出了杰出的贡献。

乌孙国

· 乌孙国是西汉时由游牧民族乌孙在西域建立的行国，位于巴尔喀什湖东南、伊犁河流域，立国君主是猎骄靡。

· 公元前2世纪初叶，乌孙人与月氏人均在河西一带游牧，北邻匈奴人。乌孙王难兜靡被月氏人攻杀（据《汉书·张骞传》），他的儿子猎骄靡刚刚诞生，由匈奴冒顿单于收养成人，后来得以复兴故国。

· 公元前177年至公元前前176年间，冒顿单于进攻月氏。月氏战败西迁至伊犁河流域。后老上单于与乌孙昆莫猎骄靡合力进攻迁往伊犁河流域的月氏，月氏不敌，南迁大夏境内，但也有少数人仍然留居当地。在塞种人与月氏大部南下以后，乌孙人迁至伊犁河流域与留下来的塞种人、月氏人一道游牧。

· 乌孙国地处天山北麓，极盛时占有整个伊犁河流域和西天山的广大土地，庭帐（首都）设在离今伊塞克湖南岸不远的赤谷城。国土包括今天的新疆西北、哈萨克斯坦东南、吉尔吉斯斯坦东部及中部。

· 西汉武帝建元四年（前139年），张骞出使西域的大月氏，打算与大月氏人结盟夹击匈奴，可是无功而回。张骞认为联合乌孙国，能切断匈奴右臂，向汉武帝建议拉拢乌孙国。三年后张骞奉汉武帝之命向乌孙建议返回敦煌祁连间故地，以便与汉朝共同对抗匈奴。